9人のリーダーに学ぶ！

Asian English

アジアの英語

柴田真一 著

コスモピア

はじめに

本書は、アジアを代表する政・財界、国際機関などのリーダーのスピーチやインタビューを解説したものです。その目的は次のふたつです。

- アジアの英語に慣れる
- 相手に伝わるシンプルな表現とコミュニケーションスキルを学ぶ

まず、なまりのあるアジアの英語が聞き取れるようになるには、リスニング力を含む英語の総合力のアップを図りながら、その話者の発音やイントネーションの癖に慣れることが必要です。

本書に登場するスピーカーの出身国はさまざまで、それぞれの母語の影響を受けた英語を話しています。アジアの英語の特徴をおおまかに理解した上で、実際の音声を聞いて慣れていただきたいと思います。

次に、世界レベルで英語の話者の内訳を見てみると、ネイティブよりもノンネイティブのほうがはるかに多くなっているのが現状で、そ

の差は今後ますます広がっていくと予想されます。このような時代には、相手がどこの人であろうと、相手に誤解を与えることなく、簡潔な英語で自分の意図を伝えられるかが重要になってきています。

　本書に登場するスピーカーのスピーチやインタビューには、伝えたいことを短く簡潔な言葉で述べ、相手の脳裏に残る話し方を工夫するという点で学ぶべき点がたくさんあります。欧米的なアプローチとは一味違った、アジアだからこそ吸収しやすい表現方法やコミュニケーションスキルをしっかり学んでいただければと思います。

　最後に、執筆にあたっては、コスモピア編集部の塩川誠氏に大変お世話になりました。この場をもって改めて御礼申し上げます。

　本書が、アジアの英語に慣れ、簡潔なフレーズで伝える発信力をつける一助となれば、大変嬉しく思います。

柴田 真一

Contents

はじめに ……………………………………… 2
本書の使い方 ………………………………… 6
本書の構成 …………………………………… 12
CDトラック ………………………………… 14

Unit 1 **マララ・ユスフザイ** ……… 15
Malala Yousafzai

Unit 2 **アウン・サン・スー・チー** ……… 37
Aung San Suu Kyi

Unit 3 **ジャック・マー** ……………… 55
Jack Ma

Unit 4 **パン・ギムン** ………………… 73
Ban Ki-moon

Unit 5 **ムハンマド・ユヌス** ………… 91
Muhammad Yunus

Unit 6 **ビノッド・コースラ** ………… 109
Vinod Khosla

Unit 7	**蔡英文** Tsai Ing-wen	127
Unit 8	**新浪剛史** Takashi Niinami	145
Unit 9	**リー・シェンロン** Lee Kuan Yew	163

Review

Unit 1	間（pause）の効果を上手く利用する	36
Unit 2	相手の立場を理解する	54
Unit 3	自分の持つ語彙の範囲で表現する	72
Unit 4	スピーチの基本型にのっとる	90
Unit 5	同じ主張を違う言い方で繰り返す	108
Unit 6	聞き手とのコミュニケーションを意識する	126
Unit 7	ソフトな表現を使いながらも、言うべきことは言う	144
Unit 8	まずはポジティブな面を認める	162
Unit 9	イメージしやすい具体例を出す	180

本書の使い方

　本書は、世界に名だたるアジアの要人のスピーチやインタビューを集めたものです。われわれは、こうしたすぐれた素材から何を学ぶことができるでしょうか。「はじめに」（p.2-3）では、

・アジアの英語に慣れる
・相手に伝わるシンプルな表現とコミュニケーションスキルを学ぶ

　の2点と申し上げました。ここでは、それに「アジアの英語の良さを吸収する」というポイントを加え、3つの点について、もう少しかみ砕いてお話ししたいと思います。

1. アジアの英語の特色

　なまりのあるアジアの英語を聞きとって理解するには、

❶**リスニング力を含む英語の総合力を向上させる**
❷**なまりやイントネーションなどの癖に慣れる**

　のふたつがポイントです。

　なまりの強い英語を聞いて理解できないと、そのなまりに慣れていないからだと考えがちです。理由は本当にそれだけでしょうか。ある時アメリカ人の同僚とインド人の顧客を訪ねたとき、私は聞きとれなかった部分がときどきあったにもかかわらず、アメリカ人の同僚はしっかり理解していました。後でその同僚に聞いてみると、インド英語には慣れていなかったが理解はできた、というのです。ほかの国々の顧客とのミーティングでも、幾度となく同じような経験をしました。つまり、まずはリスニング・リーディングを中心とする**英語力の底上げが重要**だということです。われわれが、強いなまりのある外国人の

日本語でも何とか理解できるのは日本語力があるから、というのと同様なのです。

とは言っても、英語力の底上げと同時並行的に行うべきことがあります。それが、**なまりや表現方法などの癖に慣れること**です。慣れるには音声を何度も聞くことが一番ですが、相手の母語に由来する英語の特徴について大ざっぱに押さえておくことも有益です。

では、本書に登場するスピーカーの出身国を、言語別に分類してみましょう（下表）。

中国語（北京語・台湾語）	Jack Ma, Tsai Ing-wen
英語（シンガポール）	Lee Hsien-Loong
韓国語	Ban Ki-moon
ウルドゥー語（パキスタン）	Malala Yousafzai
ベンガル語（バングラデシュ）	Muhammad Yunus
ヒンドゥー語（インド）	Vinod Khosla
ビルマ語（ミャンマー）	Aung San Suu Kyi
日本語	新浪剛史

アウン・サン・スー・チー氏の英語はほぼネイティブレベル、新浪氏は日本人なので、ここではビルマ語と日本語を除く言語を母語とする人の英語の特徴について簡単にふれておきましょう。

●中国語
　中国語には四声と呼ばれる声調があり、音の抑揚やリズムがはっきりしているせいか、リズムやアクセントをしっかりつけて話す人が多いです。また、語順がSVO（主語＋動詞＋目的語）と英語に似ていることも手伝ってか、言いたいポイントはストレートに言う傾向があります。全体としては、比較的わかりやすい部類に属するでしょう。

●英語（シンガポール）
　シンガポールの英語はシングリッシュ（Singlish）と呼ばれます。中国語やマレー語の影響を受けた英語で、独特のものがあります。語尾に lah、meh（～ね、～よ）などを付けたり（例：OK-lah「OKね」）、「～できますか」を Do you come, can or not? と言ったりします。発音も go ahead が「ゴアへ」と聞こえたりして戸惑うこともあります。ただ、仕事などで相手が外国人とわかっているときは標準的な英語を話そうとするので、慣れれば比較的日本人にはわかりやすいと言われます。

●韓国語
　発音については、fをp（France→プランス）、zをj（dessert→デジャート）などと発音する傾向があるにはあります。しかし、全体的には抑揚が少なく、カタカナ英語っぽく聞こえるなど、日本人の話す英語との共通点も多いので、我々にとっては聞きやすいと言えるでしょう。

●ウルドゥー語（パキスタン）・ベンガル語（バングラデシュ）・ヒンドゥー語（インド）
　3つの言語を同列に語るのはやや乱暴ですが、巻き舌のrなど、音や抑揚に似た特色があります。特にインドの方は、国際会議の主催者の間には「インド人を黙らせて日本人をしゃべらせるのが課題」などというジョークがあるくらいよくしゃべる人が多く、しかも早口で独

特のリズムがあるので、ある程度の慣れが必要です。

　こうしたアジア英語のなまりや表現方法について、基本を頭に入れたら、あとは「習うより慣れろ」。付属のCDを何度も聞いて耳を慣らしてください。

2. シンプルな表現とコミュニケーションスキル

　英語学習者の多くは「ネイティブ信仰」の呪縛から解放されていないのではないかと思います。ネイティブ信仰とまではいかなくとも、「正しい英語を話さなければ」と思っている学習者は少なくありません。確かに正しく美しい英語であるにこしたことはありません。しかしもっと重要なのは、自分の思いを短いシンプルな言い回しを使って過不足なく伝えることです。

　ただし、伝えればいいというものではありません。コミュニケーションとは、伝えた結果、相手に伝わった時点で成立します。世界レベルで英語の話者はノンネイティブのほうがはるかはるかに多いことを考えると、ノンネイティブにもわかりやすい **Plain English**（平易な英語）で「伝わる英語」を発信することが、ポイントです。

　本書で厳選したスピーカーは、自分の思いを伝える話術と技術（スキル）を持っています。自信たっぷりに大声でまくし立てるスタイルとは一線を画しており、ゆっくりと情感を込め、言葉を噛みしめるように伝えています。9人の各スピーカーから学べるスキルはたくさんありますが、ここではぜひみなさんに学んでいただきたい、一番のポイントを次ページにて挙げておきましょう。

9人の各スピーカーのコミュニケーションスキル

❶ Malala Yousafzai
間（pause）を置くことによってどんな効果があるのか。

❷ Aung San Suu Kyi
相手の立場を理解する姿勢をどのような形で出しているか。

❸ Jack Ma
自分の持つ語彙で何とか表現してみるスキルとはどんなものか。

❹ Ban Ki-moon
オーソドックスな基本の型に則ったプレゼンはどういうものか。

❺ Muhammad Yunus
同じことを違う言い方で繰り返すにはどのようにしたらよいか。

❻ Vinod Khosla
聴衆とのコミュニケーションをうまく取るにはどうしたらよいか。

❼ Tsai Ing-wen
直接的な表現を避けて柔らかく語るにはどのような表現を使えばよいか。

❽ 新浪剛史
改善点や反対意見を述べるときのルールとは何か。

❾ Lee Hsien-Loong
身近な具体例をどのように提示したらよいのか。

　これらのポイントをしっかり押さえるだけでも、みなさんの発信力は大きく伸びることでしょう。

ところで、最近ネイティブの人々の中に起きている意識の変化についてもお話ししておきたいと思います。少なくともビジネスの世界では、ミーティングなどでノンネイティブの方がネイティブの発言内容が理解できないときは、**ネイティブの話し方にも問題がある**という認識が出てきています。

　言い換えれば、ネイティブの人たちもノンネイティブに歩み寄り、わかりやすい英語を話そうという姿勢を示しているのです。このようにPlain Englishを堂々と発信する環境は既に整っていますが、今後はさらに加速していくでしょう。

3.「アジアの英語」の良さを吸収しよう

　「アジアの英語の良さ」とは、思慮深さや相手に対する配慮や思いやりです。グローバル社会で活躍できる人の重要な素養は、**「相手から一目置かれること」**だと思います。たとえ英語はそれほど流暢でなくても、また、外国人に比べて口数は少なくとも、本書のスピーカーのように伝えるものを持っていることです。「あの人の話は面白い」、「あの人の情報は有益だ」、「あの人の意見を参考にしてみよう」と思う人の話には自然と耳を傾けます。ある程度の英語力を培った後は、そういう人間的な総合力こそがその人の存在価値を決めるのではないでしょうか。

　翻って、われわれはどんな英語やコミュニケーションスキルを身につければ良いのでしょうか。私は、必ずしも欧米のスタイルを真似る必要はないと思います。むしろ、アジア的なアイデンティティを残しながら「アジアの英語」を発信していけばいいでしょう。

　本書を通して、アジア的な思慮深さ、思いやり、情感豊かな英語から学び、吸収してください。

本書の構成

本書は下記のような構成になっています。Unit 1〜9まで、計9人によるアジア英語によるスピーチやインタビューを掲載。英文テキストや語注、日本語訳はもちろん、各 Unit ごとにプロフィール、スピーチ力増強スキル、Review などの解説をまとめました。

CDトラック番号

本文

Section 1

アベノミクス経済について、一定の評価を示したい。

Track 39

Takeshi Niinami: ❶I'd like to give credit to Abenomics for, [I] think, changing the overall economy of Japan—❷I mean, momentum of the Japanese economy from negative to positive.

But ❸there are lots of things that need to be done, because we have not got out of the deflation yet completely. And people have, still, ❹inertia in their minds.

So, I extremely believe that it takes at least 3 to 5 years to see the ❺efficacies of the policies implemented already by the government. So it's been, I think, a positive, but, you know, we have to see, let's say, 3 to 5 years. But definitely ❺efficacies have been emerging.

give credit to...: 〜を評価する
overall: 全体的な
momentum: 勢い

inertia: 無気力、不活発

efficacy: 効力
implement: 実施する

emerge: 出現する

プロフィール

今回取り上げる9人のプロフィールや英語の特徴、スピーチの背景などについて解説。
(※肩書きはスピーチをした当時のものです)

語注

テキストで登場する語句の意味についてふれています。

スピーチのツボ！

話者が話しているスピーチの構成や、どういう点を強調して話しているかなどについて解説しています。

スピーチ力増強スキル

Unit 1〜9の末尾では、そのUnitに登場した役に立つフレーズ、スピーチのテクニックやコミュニケーションスキルについて、豊富な例文とともに紹介します。

Review

Unit 1〜9の締めくくりに、そのUnitで取り上げた話者の英語の特徴について、再度フィードバック。それぞれの話者から、学習者が見習うべき点や姿勢をまとめました。

日本語訳

パラグラフごとに分かれています。

| Unit 8 | Takeshi Niinami

スピーチのツボ！

❶ 結論、理由の順に述べる
I'd like to give credit to Abenomics（アベノミクスを評価したい）とまず結論を述べたうえで、日本経済の momentum（勢い）をネガティブからポジティブに変えた、と理由を添えています。ビジネスでは好まれる手法です。

❷ I mean... と言って理由を述べる
I'd like to give credit...（〜を評価したい）に続けて、I mean 以下でその理由を示しています。この場合は、I mean... で始めていますが、理由を述べるときは、The reason is...、Because... など、これから理由を述べるシグナルを送ると聞く方も心の準備をすることができます。

❸ ポジティブに言ったうえで課題を出す
アベノミクスを評価したうえで、there are lots of things that need to be done（やるべきことはたくさんある）と述べています。問題点や反対意見を述べるときは、まずプラス面から入るのが賢いコミュニケーション方法です。

❹ 聞くときはわからない単語に引きずられない
本セクションでは、inertia（無気力）、efficacy（効力）といった聞き慣れない単語が出てきます。もしわからなかったとしても気にせず、発言全体の要旨をくみ取るように心がけましょう。

訳

新浪剛史：私は、アベノミクスが日本の経済全体を変革するものだという点で、高く評価したいと思います。つまり、日本経済をマイナスからプラスの方向へと動かす原動力だからです。

しかし、やるべきことは、まだたくさんあります。なぜなら、私たちはまだ完全にはデフレを脱却していないからです。そして国民の心（消費意欲）はまだ沈滞したままです。

ですから、私は政府によってすでに実施された政策の効果が目に見えて現れるまでには少なくとも3年から5年はかかるはずだと思っています。それ（アベノミクス）は前向きなものだったと思いますが、まあ3年から5年は様子を見なければなりません。しかし、明らかにその効果は現れてきているのです。

CD トラック表

Track 01	オープニング
Unit 1	**マララ・ユスフザイ**
Track 02	Section 1
Track 03	Section 2
Track 04	Section 3
Track 05	Section 4
Track 06	Section 5
Track 07	Section 6
Track 08	Section 7
Unit 2	**アウン・サン・スー・チー**
Track 09	Section 1
Track 10	Section 2
Track 11	Section 3
Track 12	Section 4
Track 13	Section 5
Unit 3	**ジャック・マー**
Track 14	Section 1
Track 15	Section 2
Track 16	Section 3
Track 17	Section 4
Track 18	Section 5
Unit 4	**パン・ギムン**
Track 19	Section 1
Track 20	Section 2
Track 21	Section 3
Track 22	Section 4
Track 23	Section 5
Unit 5	**ムハンマド・ユヌス**
Track 24	Section 1
Track 25	Section 2
Track 26	Section 3
Track 27	Section 4
Track 28	Section 5

Unit 6	**ビノッド・コースラ**
Track 29	Section 1
Track 30	Section 2
Track 31	Section 3
Track 32	Section 4
Track 33	Section 5
Unit 7	**蔡英文**
Track 34	Section 1
Track 35	Section 2
Track 36	Section 3
Track 37	Section 4
Track 38	Section 5
Unit 8	**新浪剛史**
Track 39	Section 1
Track 40	Section 2
Track 41	Section 3
Track 42	Section 4
Track 43	Section 5
Unit 9	**リー・シェンロン**
Track 44	Section 1
Track 45	Section 2
Track 46	Section 3
Track 47	Section 4
Track 48	Section 5

※ライブ音源も含まれるため、一部に聞き取りづらい箇所もございます。予めご了承ください。

Unit 1

マララ・ユスフザイ

Malala Yousafzai

—— パキスタン ——

Malala Yousafzai

■ **マララ・ユスフザイ**
Malala Yousafzai

パキスタン出身の女性。人権運動家、フェミニスト。パキスタンのスワート渓谷の生まれ。BBC のために匿名で、タリバンに支配されたスワート渓谷の教育事情や生活についてブログを書き始めたが、タリバンの標的となり、2012 年銃で頭を撃たれ負傷。一命をとりとめた後もなお、教育活動家としての道を選び、マララ基金を設立。子どもの権利のための活動をいまも行っている。2014 年ノーベル平和賞受賞。

英語の特徴

　パキスタンの国語はウルドゥー語で、英語は公用語の位置付けです。マララ氏の英語は母語のなまりはあるものの、発音は非常に明瞭なので聞きにくさはさほどありません。

　本テキストの出典は、Section 1-2 と Section 3-7 で異なります。Section 1-2 は 2014 年 12 月 10 日にノルウェーのオスロで開かれたノーベル平和賞の授賞式でのスピーチからの抜粋です。17 歳でのノーベル賞受賞は史上最年少となりました。

　Section 3-7 は、2013 年 7 月 12 日、マララ氏の 16 歳の誕生日にニューヨークの国連本部で行われたスピーチ(抜粋)です。国連は、2012 年に Global Education First Initiative を立ち上げて教育に力を入れており、本演説を契機に毎年 7 月 12 日をマララ・デーとしています。

　スピーチ原稿は非常によく練られており、ドラマチックなストーリー仕立ての展開となっています。内容 (contents) の点では、畳みかける手法や否定から肯定に入るなどのスピーチのスキルが随所に見られるほか、リズム感があり聞き心地のよいキーワードが並んでいます。伝え方 (delivery) のスキルの点でも、強弱、抑揚、間の置き方など、とても参考になります。スピーチの聞き取り練習とともに、スキルについても学んでいきましょう。

Section 1

Track 02

私はマララ、
少女たちの声の代弁者です。

Malala Yousafzai: Some people call me the girl who was shot by the Taliban. As far as I know, ❶I'm just a committed and even stubborn person who wants to see every child getting ❶quality education.

❷ When my world suddenly changed, my priorities changed, too. I had ❸two options. One was to remain silent ❷ and wait to be killed. And the second was to speak up ❷and then be killed. I chose the second one. ❸I decided to speak up.

I tell my story ❷not because it is unique, ❷but because it is not. Though I appear as one girl who's five foot two inches tall, if you include my high heels, I am ❷not a lone voice. I am ❷many. I am Malala. But I am also Shazia. I am Kainat. I am Kainat Soomro. I am Mezon. I am Amina. ❹I am those 66 million girls who are deprived of education.

Taliban: タリバン（パキスタンからアフガニスタンにかけて活動するイスラム原理主義組織）
committed: 熱心な
stubborn: 頑固な
quality: 良質の

priority: 優先すること
remain...: 〜のままでいる
speak up: 声に出して言う

lone: 唯一の

deprive A of B: AからBを奪う

Unit 1 | Malala Yousafzai

スピーチのツボ！

❶ 自分の立ち位置を明らかにする

冒頭で、タリバンに撃たれたかどうかではなく、すべての子どもたちが quality education（質の高い教育）を受けられるように動いているという目的意識を率直に語っています。I'm just a committed... の just（〜でしかない）で、謙虚な気持ちを表しています。

❷ 対照的な事象を挙げる

① When A changed と B changed, too、② and wait to be killed と ...and then be killed、③ not because と but because...、④ not a lone voice と many など、対極にあるふたつのものを比較しながら、後半の部分をリズムよく引き出しています。

❸ 勇気を持って闘う覚悟を示す

控えめな姿勢で臨む一方、two options（ふたつの選択肢）の部分で意志の強さをうまく出しています。いずれも厳しい選択肢を挙げて後者を選ぶというドラマチックな演出をしています。I decided to speak up. の前に間を置き、注意を引きつけています。

❹ 多くのうちのひとりに過ぎないと繰り返す

I tell my story not because it is unique, but because it is not. から始まり、I am those 66 million girls... に至るまで、教育を受けられない多数の犠牲者のひとりであることを強調します。I am many. といった短い文でインパクトを与えることに成功しています。

訳

マララ・ユスフザイ：私のことを、タリバンに撃たれた少女と呼ぶ人がいます。でも、自分が理解している限りでは、私はすべての子どもたちが質の高い教育を受けるのを見たいと心から願い、あるいは頑固なほど主張しているひとりの人間でしかありません。

私の生きてきた世界が突然に変わってしまったとき、私が優先することもまた変わりました。私にはふたつの選択肢がありました。ひとつめは、口を閉ざし殺されるのを待つことでした。そしてふたつめは、声を上げて殺されることです。私はふたつめを選びました。声を上げることにしたのです。

私が自分の体験を語るのはそれが特別なものだからではなく、むしろ珍しいことではないからです。私はハイヒールを履いても背丈が5フィート2インチ（157.4cm）しかない女の子のように見えますが、私の声は私だけのものではありません。私は大勢の声なのです。私はマララです。でも、シャジアでもあるのです。私はカイナットです。私はカイナット・スームロです。私はメゾンです。私はアミナです。私は、こうした教育の機会を奪われている6,600万人の少女たちなのです。

Section 2
教育を受けられない子どもたちがいない未来を！

Malala Yousafzai: In year 2015, representatives from all around the world will meet. It is not time to tell the world leaders to ❷realize how important education is. They already know it. ❶Their own children are in good schools.

Now it is time to call them to ❷take action for the rest of the world's children. ❸So it becomes the last time that we see a child deprived of education. ❹Let this end with us. Let's begin this ending together, today, right here, right now. Let's begin this ending now. Thank you so much.

representative: 代表者

realize: 気づく、悟る

take action: 行動を起こす

end with...: 〜で終わりにする

2013年11月、フランス・ストラスブールでのサハロフ賞授賞式にて

スピーチのツボ

❶ 不動の事実を突きつける
　教育の重要性を既にわかっている理由として、their own children are in good schools.（自分の子どもたちをよい学校に入れているのですから）と切り込んでいます。感情的な苦情ではなく、誰もが否定できない事実をもって相手が動かざるを得ない状況にうまく追い込んでいます。

❷「AでなくB」をうまく活用する
　本スピーチではAとBを比較してBに持ち込む手法を繰り返していますが、ここでは realize と take action をうまく対比させ、行動を起こす必要を喚起しています。

❸ 現状に終止符を打つことを迫る
　So it becomes the last time... の部分で、世界の代表者が集まる会議を転機にしようと呼びかけます。現実的には容易ではないものの、目標をしっかり提示し、それに向かって進むことを求めるフレーズです。

❹ リズムを意識してキーワードを並べる
　Let this end with us. と Let's begin this ending で end と begin を対比させたうえで、together, today, right here, right now とリズムよく畳みかけています。そして Let's begin this ending now. で再び begin と end を使って準備を促しています。

訳

マララ・ユスフザイ：2015年に、世界各国からの代表者たちが集まることになっています。それは世界の指導者の方々に、教育がいかに重要なのか気づいてくれるようお願いする場ではありません。その人たちは、すでにそのことをご存じでしょう。自分の子どもたちをよい学校に入れているのですから。今は、その方々に、世界のほかの国々の子どもたちのために行動を起こすよう呼びかける時なのです。その時を最後に、教育を受けられない子どもたちを見ることがないように。今の状況は私たちで最後にしましょう。これを終わらせるために、みんなでいっしょに、今日、ここで今すぐスタートを切りましょう。この終わりの作業は今すぐ始めるのです。ご清聴ありがとうございました。

Section 3

Track 04

声なき人たちの言葉を届けるため、私は訴えます。

Malala Yousafzai: Dear brothers and sisters, do remember one thing. ❶Malala Day is not my day. Today is the day of every woman, every boy and every girl who has raised their voice for their rights.

There are hundreds of human rights activists and social workers who are not only speaking for their rights, but who are ❷struggling to achieve their goal of peace, education and equality. ❸Thousands of people have been killed by the terrorists and ❸millions have been injured. I'm just one of them. So here I stand... one girl among many.

I speak—not for myself, but [so] those without [a] voice can be heard. Those who have fought for their rights: ❹their right to live in peace, ❹their right to be treated with dignity, ❹their right to equality of opportunity, ❹their right to be educated.

Malala Day: マララ・デー（女性や子どもが教育を受ける権利を主張するマララさんの誕生日（7月12日）にちなんで国連が制定した記念日）

human rights activist: 人権活動家
struggle: 闘う、もがく

dignity: 尊厳

スピーチのツボ

❶ 自分が代弁者であることを強調する
　Malala Day is not my day. とし、すべての女性と子どもの思いを代弁していることを、every woman, every boy and every girl... とリズムよく展開します。後半の I'm just one of them. と one girl among many. も同様です。

❷ 協力者に言及する
　人権活動家とソーシャルワーカーが懸命に活動している実情を示しています。... who are struggling to achieve their goals の一文で struggle（闘う）を使うことで、なかなか思うようにいかない現状をうまく表しています。

❸ 数字をうまく使う
　Thousands of people と millions をうまく使っています。死者と負傷者の数を具体的に見せることで、その深刻な状況をうまく描写しています。

❹ さまざまな権利があることを具体的に示す
　their right をリズムに乗せて4つ並べながら、こうした本来持つべき権利のために闘ってきた声なき人たちの思いがいまだに実現していないことを、切迫感を持って示しています。もっとも重要な education を最後に持ってきています。

訳

マララ・ユスフザイ：親愛なる兄弟姉妹のみなさん、ひとつのことをよく覚えておいてください。「マララ・デー」とは私の日ではありません。今日は、自分たちの権利のために声を上げてきたすべての女性たち、そしてすべての少年少女たちの日なのです。

　何百人もの人権活動家、そしてソーシャルワーカーがいて、彼らは人権を擁護するだけでなく、平和、教育、そして平等という目標を達成するために闘っています。これまでに何千人もの人々がテロリストに命を奪われ、何百万人もの人々が傷つけられました。私はそのひとりにしかすぎません。ですから今、私はここに立っているのです。数多くの少女のなかのひとりとして。

　私は訴えます。自分自身のためではなく、声なき人たちの言葉を聞いてもらうために。さまざまな権利——平和に暮らす権利、尊厳のある取り扱いを受ける権利、平等な機会を手にする権利、教育を受ける権利などのために闘ってきた人たちの声を聞いてもらうために。

Section 4

タリバンに撃たれた後も、私の希望や熱意は変わらない。

Malala Yousafzai: Dear friends, on the 9th of October 2012, the Taliban shot me on the left side of my forehead. They shot my friends, too. They thought that the bullet would silence us. But they failed.

❶And out of that silence came thousands of voices. The terrorists thought that they would change my aims and stop my ambitions, but ❷nothing changed in my life except this: Weakness, fear and hopelessness died. Strength, power and courage was born.

I am the same Malala. My ❸ambitions are the same. My ❸hopes are the same. And my ❸dreams are the same.

Dear sisters and brothers, ❹I am not against anyone. Neither am I here to speak in terms of personal revenge against the Taliban or any other terrorist group. I'm here to speak up for the right of education of every child. I want education for the sons and daughters of the Taliban and at the terrorists and extremists.

forehead: 額、前頭部
bullet: 弾丸
silence: 黙らせる、静かにさせる

ambition: 野心、熱意

hopelessness: 望みのなさ、絶望
in terms of...: 〜の観点から
courage: 勇気

revenge: 復讐

extremist: 過激派

スピーチのツボ

❶ タリバンの失敗をドラマチックに語る

弾丸で黙らせることについて But they failed. と短く描写しただけでは終わらず、And out of that silence came thousands of voices. とストーリー仕立てにして語っています。silence（沈黙）と thousands of voices（何千もの声）をうまく対比させています。

❷ 変わった点をうまく引き立たせる

まず、単に My life has changed. と言わずに、Nothing changed in my life except...（〜を除いては何も変わらない）と、「何も変わらない」と言っておいて、そのうえで ... died.、... was born. の形で died と born を対比させ、何が変わったのかを後から補足しています。

❸ 何も変わっていないことを強調する

ambitions、hopes、dreams は変わらないことを、○○ are the same. と、同じ形の文を畳みかけることで印象づけています。

❹ 想定外のコメントをする

マララ氏は I am not against anyone. と立ち位置を明確にし、personal revenge（個人的な復讐）ではないと明言しています。テロリストの子どもたちにも教育を望む、と子どもながら寛容で懐の深さを感じさせる姿勢をみて、聞き手は大人としてハッとさせられるでしょう。

訳

マララ・ユスフザイ：親愛なるみなさん、2012年の10月9日にタリバンは私の左側の額を銃で撃ちました。彼らは私の友達も撃ちました。彼らは弾丸が私たちを黙らせるだろうと考えたのです。しかし彼らは失敗したのです。

やがて、その沈黙のなかから何千もの声がわき起こったのです。テロリストたちは、私たちの目的をねじ曲げ、私たちの熱意をくじこうと考えましたが、私の人生の中で変わったことがあるとすればひとつだけでした。つまり、弱さ、恐れ、絶望が消え去ったのです。その代わりに、強さと力、そして勇気が生まれました。

私は以前と同じマララです。私の熱意は変わっていません。私の希望は変わっていません。私の夢は変わっていません。

親愛なる兄弟姉妹のみなさん、私は誰にも敵意を持っていません。また、私がここで話しているのは、タリバンやそのほかのテロリスト集団への個人的な復讐のつもりでもありません。私がここにいるのは、すべての子どもの教育を受ける権利を主張するためです。私は、タリバンやテロリスト、そして過激派の人たちの息子や娘たちのためにも教育を望みます。

Section 5

女の子が学校に通っただけで、地獄に落とす神などいない。

Malala Yousafzai: The wise saying "❶The pen is mightier than [the] sword" was true. The extremists were and they are afraid of books and pens. The ❷power of education frightens them. They ❷are afraid of women. The ❷power of the voice of women ❷frightens them.

And ❸that is why they killed 14 innocent students in the recent attack in Quetta. And ❸that is why they killed female teachers and polio workers in Khyber Pakhtunkhwa. ❸That is why they are blasting schools every day. Because they were and they are afraid of change, afraid of [the] equality that we will bring into our society.

And I remember that there was a boy in our school who was asked by a journalist, "Why are the Taliban against education?" He answered very simply. By pointing to his book he said, ❹"A Talib doesn't know what is written inside this book." They think that God is a tiny little conservative being who'd send girls to [the] hell just because of going to school.

---

saying: 格言、ことわざ

frighten: 怖がらせる

innocent: 罪のない
Quetta: クエッタ（パキスタン、バルーチスターン州の州都）
polio: ポリオ、小児まひ
Khyber Pukhtunkhwa: カイバル・パクトゥンクワ州（パキスタン北西部の州）
blast: 爆破する

tiny: ちっぽけな
conservative: 保守的な

スピーチのツボ！

❶ 格言を効果的に用いる
冒頭に The pen is mightier than [the] sword. という格言を引用しています。格言、ことわざ、著名人の名言などは、聞き手のより深い共感を得るために要所で用いると効果が期待できます。

❷ 過激派が恐れていることをうまく述べる
過激派は book と pen を恐れるといったうえで、過激派が教育と女性を恐れていることを、power と be afraid of、frighten を対比しながら上手に表現しています。

❸ 襲撃の理由にうまく結びつける
過激派が恐れること（education、women）を挙げたうえで、それを that is why... を 3 度繰り返しながら、襲撃の理由だと語っています。ここでも afraid of... が効果的に使われています。

❹ ストーリーを盛り込みタリバンの無知を語る
A Talib doesn't know what is written inside this book. というひとりの少年のコメントが強いインパクトを与えています。聞き手は、タリバンやテロリストの子どもにも教育が必要だというマララ氏の主張（Section 4）を思い起こし、教育の重要性を再認識するでしょう。

訳

マララ・ユスフザイ：「ペンは剣よりも強し」という格言は、本当でした。過激派は、本とペンを昔も今も恐れています。教育の力を彼らは恐れているのです。彼らは女性を恐れています。女性の上げる声の力が、彼らには恐ろしいのです。

だから、彼らは最近のクエッタ襲撃で、14 人の罪のない学生を殺害したのです。だから、彼らはカイバル・パクトゥンクワ州で数多くの女性教師とポリオ対策の医療関係者を殺害したのです。だから、彼らは毎日のように校舎を爆破しているのです。それは、彼らが昔も今も変化を恐れ、私たちが社会にもたらそうとしている平等を恐れているからなのです。

以前、私たちの学校でひとりの少年がジャーナリストに「なぜタリバンは教育に反対しているんだろうね？」と尋ねられたときのことを覚えています。少年はいとも簡単に答えました。彼は自分の本を指さしてこう言いました。「タリバンはこの本のなかに書かれていることを知らないからさ」と。彼らは神のことを、女の子が学校に通うだけで地獄に落とすような心の狭い保守的な存在だと思っているのです。

Section 6

女性の尊厳と権利のために、今日こそ声をあげるべき時！

Malala Yousafzai: So, dear sisters and brothers, ❶now it's time to speak up. So today, we call upon the world leaders to change their strategic policies in favor of peace and prosperity. ❶We call upon the world leaders that all the peace deals must protect ❷women and children's rights. A deal that goes against the rights of women is unacceptable.

❶We call upon all governments to ensure free compulsory education all over the world for every child. ❶We call upon all the governments to fight against terrorism and violence, to protect children from brutality and harm. ❶We call upon the developed nations to support the expansion of educational opportunities for girls in the developing world. ❶We call upon all the communities to be tolerant—to reject prejudice based on caste, creed, sect, color, religion or gender, to ensure freedom and equality for women, so that they can flourish.

❸We cannot all succeed when half of us are held back. ❶We call upon ❹our sisters around the world to be brave—to embrace the strength within themselves and realize their full potential.

---

call upon A (to)...: Aに〜するよう求める
strategic: 戦略的な、重要な
in favor of: 〜を優先して、〜に有利に
prosperity: 繁栄

compulsory: 義務的な

brutality: 残虐行為

expansion: 拡大

tolerant: 寛容な
prejudice: 偏見
caste: (固定的な)社会的身分
creed: 信条、宗教
sect: 宗派
gender: 性(別)
ensure: 確保する
flourish: 活躍する

embrace: 利用する
realize: 実現する
potential: 可能性、潜在能力

スピーチのツボ

❶ 声を上げる内容に、リズム感を持たせる
　now it's time to speak up と言ったうえで、具体的項目を列挙しています。We call upon... という旗印を立てて、続く文章がポイントであることを示しています。

❷ 要求内容に、統一性を出す
　要求内容に統一性を持たせるために、women、children というキーワードを効果的に用いながら、「女性が活躍できる社会」、「子どもが教育を受けられ保護される社会」というふたつの柱にうまくまとめています。

❸ 女性の活躍の必要性を、切々と訴える
　聞き手は世界の現状は認識済みで、やるべきこともわかっているはずです。マララは We call upon... と畳みかけながら聞き手の感情に訴え、アクションを起こすよう促しています。We cannot all succeed when half of us are held back. の一文が効いています。

❹ 女性も立ち上がるよう促す
　世界の指導者に対するリクエストを述べたうえで、最後に our sisters around the world（世界中の女性）に対して、to be brave（勇敢であれ）と締めています。指導者に対してのみならず、世界の女性に向けてのメッセージに仕立てています。

訳

マララ・ユスフザイ：親愛なる兄弟姉妹のみなさん、今こそ声を上げるべき時です。だから今日、私たちは世界中の指導者たちに対して、彼らの戦略的な政策を平和と繁栄をより優先するものに転換するように求めます。私たちは、世界中の指導者たちに対して、すべての平和協定が女性と子どもたちの権利を必ず守るものであることを求めます。女性の権利に反する取り決めは、受け入れられません。

　私たちは、すべての政府に対し、世界のすべての子どもたちに対して無料の義務教育を保証するように求めます。私たちは、すべての政府に対し、テロや暴力と闘い、子どもたちを虐待や危害から守るように求めます。私たちは、先進国に対し、発展途上地域の少女たちの教育機会を拡大するために支援をするように求めます。私たちは、すべての社会に対し、寛容であること――社会的身分や信条、宗派、肌の色、宗教、性別などに基づいた偏見をなくすように求めます。女性が活躍できるために、その自由と平等を確保することも。

　私たちの半分が抑圧されていたら、私たちは全面的に成功することはできません。私たちは、世界中の女性に対して、勇敢であること――自分たちのなかにある強さに気づき、自分の持つ可能性を最大限に発揮するように求めます。

Section 7

ひとりの教師、1冊の本、1本のペンが世界を変える。

Track 08

Malala Yousafzai: Our words can change the whole world, because we are all ❶together, ❶united for the cause of education. And if we want to achieve our goal, then ❶let us empower ourselves with the weapon of knowledge and let us shield ourselves with unity and togetherness.

❷Dear brothers and sisters, we must not forget that millions of people are suffering from ❷poverty, injustice and ignorance. ❷We must not forget that millions of children are out of their schools. ❷We must not forget that our sisters and brothers are waiting for a bright, peaceful future.

So ❸let us wage a global struggle against illiteracy, poverty and terrorism. ❸Let us pick up our books and our pens. They are our most powerful weapons. ❸One child, one teacher, one book and one pen can change the world. ❹Education is the only solution. Education first. Thank you.

---

united: 連帯している
cause: 目的、大義
empower: 力を与える
shield: 守る
unity: 団結
togetherness: 連帯（意識）

injustice: 不正
ignorance: 無教育

wage: 行う
illiteracy: 無学、読み書きできないこと
weapon: 武器

solution: 解決策

スピーチのツボ

❶ 一体感を持たせる単語を連発する

最初に together、united の 2 語で連帯感・一体感を持たせながら、let us empower ourselves...、let us shield ourselves... と共同作業を呼びかけています。そして、with unity and togetherness（団結と連帯によって）と、連帯感を表す単語を再度使っています。

❷ 取り組むべき問題を並べる

Dear brothers and sisters と呼びかけ、忘れてはならない問題を We must not forget... を繰り返すことで切々と訴えています。また poverty（貧困）、injustice（不正）、ignorance（無教育）といったキーワードをうまく盛り込んでいます。

❸ ペンを取ろうと呼びかける

let us... を繰り返し、連帯・団結を訴えながら、books と pens を持ち出し、our most powerful weapons と位置づけます。そして、One child, one teacher, one book and one pen と畳みかけ、一人ひとりの行動を強く促しています。

❹ education（教育）というキーワードで結ぶ

マララ氏がもっとも訴えたかった教育の重要性を最後に持ってきています。Education is the only solution. と簡潔に語り、さらに Education first. と短く繰り返すことで education という単語を聞き手の脳裏にしっかり刻んでいます。同じことを別の言い方で繰り返す手法です。

訳

マララ・ユスフザイ：私たちの言葉は、世界を変えることができます。なぜなら私たちはみなが一緒になって、教育という目的のために連帯しているからです。そして、もし私たちが目標を達成したいのであれば、知識という武器で自分に力をつけ、団結と連帯によって自分たちを守りましょう。

親愛なる兄弟姉妹のみなさん、何百万人もの人びとが貧困、不正、そして無教育に苦しんでいることを忘れてはいけません。何百万人もの子どもたちが学校に通えないことを忘れてはいけません。私たちは、兄弟姉妹が明るく平和な未来を待ち望んでいることを忘れてはならないのです。

ですから、無学、貧困、そしてテロに対する世界規模の闘いを行い、本とペンを手に取りましょう。このふたつが私たちの持つもっとも強力な武器なのです。ひとりの子ども、ひとりの教師、1冊の本、そして1本のペンが、世界を変えることができるのです。教育こそが唯一の解決策です。何よりもまず教育を。ご清聴ありがとうございました。

Unit 1 これは使える！スピーチ力増強スキル

> I tell my story <u>not because</u> it is unique, <u>but because</u> it is not. (Section 1)
>
> 私が自分の体験を語るのはそれが特別だからではなく、むしろ珍しいことではないからです。
>
> <u>I am not</u> a lone voice. <u>I am</u> many. (Section 1)
>
> 私の声は私だけのものではありません。私は大勢の声なのです。
>
> <u>It is not time</u> to tell the world leaders to realize how important education is… Now <u>it is time</u> to call them to take action for the rest of the world's children. (Section 2)
>
> それは世界の指導者の方々に、教育がいかに重要なのか気づいてくれるようお願いする場ではありません……今は、その方々に、世界のほかの国々の子どもたちのために行動を起こすよう呼びかけるときなのです。

A を否定し、B を強調する not A, but B

　Not A, but B.（A ではなく B だ）の形で、B を強調する構文です。A を否定することによって B がより引き立ちます。マララ氏のスピーチでは、上記以外にもこの手法が随所で使われています。どんなふうに応用できるか、下記に例を挙げてみましょう。

- **It is not time** to discuss the effects of climate change on our planet. **It is time** for each country to take concrete action.

  温暖化の地球への影響について議論する場ではありません。今は、それぞれの国が具体的な行動を起こすときなのです。

- **It is not time** to talk about the pros and cons of the project in detail. **It is time** to decide whether we should go ahead with it.

  プロジェクトの長短を詳細にわたって話している場ではありません。今はプロジェクトを進めるべきかどうかを決断するときなのです。

　このように、前半（A）を否定しながら、後半（B）を強調することができます。

> ... <u>nothing changed in my life except this</u>: Weakness, fear and hopelessness died. Strength, power and courage was born. (Section 4)
>
> 私の人生の中で変わったことがあるとすればひとつだけでした。つまり、弱さ、恐れ、絶望が消え去ったのです。その代わりに、強さと力、そして勇気が生まれました。

except を使って、例外に焦点を当てる

　Nothing changed except (for) A（A 以外何も変わっていない）という構文です。変わった点を単純に述べるのではなく、「何も変わっていない」と言っておいて except (for)（〜以外）とすることによって、変わったものに焦点を当てることができます。ただし、常に except 以下が強調されるとは限りません。

- **Nothing changed except** minor procedures.

  細かい手続き以外は何も変わっていません。

  ［→ほとんど変更がないことに重点が置かれています］

- I'm comfortable with the present work environment, **except for** the staff canteen.

  社員食堂を除いては今の職場環境はいいです。

  ［→社員食堂にどれくらい不満を持っているのかはよくわかりませんが、基本的には満足しているように見受けられます］

- I'm fine with your offer, **except for** the bonus conditions.

  オファーについてはボーナスの条件以外は了承です。

  ［→ボーナスについてだけは納得出来ていないのが現状です。もしかしたら、ボーナスの提示には非常に不満で、それがネックになるかもしれません］

　このように except に続く言葉が常に強調されるわけではなく、前後関係の文脈によって変わってきます。みなさんが実際に使うときにもこの点を意識しましょう。

Unit 1 これは使える！スピーチ力増強スキル

The wise saying "<u>The pen is mightier than sword</u>" was true. The extremists were and they are afraid of books and pens. The power of education frightens them.

(Section 5)

「ペンは剣よりも強し」という格言は、本当でした。過激派は、本とペンを昔も今も恐れています。教育の力を彼らは恐れているのです。

スピーチの中で、格言を引用するスキル

　スピーチの中で格言を引用するスキルです。格言、ことわざ、偉人などの名言には、人生哲学や真理などに関する深い洞察力を感じさせるものが多く、ここぞ！というタイミングで使うと、聞き手の共感を呼ぶ効果が期待できます。こんな例はどうでしょうか。

- President John F. Kennedy once said, "**Ask not what your country can do for you: ask what you can do for your country.**" I believe now is the time to think about this quotation once again.

　ケネディ大統領はかつてこう言いました。「国家があなたたちに何をしてくれるかを求めず、国家のために何ができるかを考えてください。」今こそ、この言葉についてもう一度考えるときだと思います。

- They say "**Time flies like an arrow.**" But for me, time has been much faster than an arrow. I still can't believe that the time has come to return to Japan.

　「光陰矢のごとし」といいますが、私にとっては、時間は矢よりもずっと早かったです。帰国の時を迎えることはいまだに信じられません。

　みなさんも、自分の好きな格言をスピーチに使ってみてはいかがでしょうか。

> Let this end with us. Let's begin this ending together, <u>today, right here, right now.</u> Let's begin this ending now.　(Section 2)
>
> 今の状況は私たちで最後にしましょう。これを終わらせるために、みんなでいっしょに、今日、ここで今すぐスタートを切りましょう。この終わりの作業は今すぐ始めるのです。
>
> **One child, one teacher, one book and one pen** can change the world. Education is the only solution. Education first.　(Section 7)
>
> ひとりの子ども、ひとりの教師、1冊の本、そして1本のペンが、世界を変えることができるのです。教育こそが唯一の解決策です。何よりもまず教育を。

キーワードを並べて、強烈な印象を残すスキル

　キーワードを並べて、相手の頭のなかに強烈な印象をインプットするスキルです。我々は国連で演説するわけではないので、あまり大げさになってはいけませんが、日常の世界でも使える場合があるかもしれません。例えば下記のような例はいかがでしょう。

- Let's stop blaming each other **today, right here, right now.** Let's start a more constructive discussion.
  お互いを非難するのは止めましょう。今日、ここで、この瞬間に。
  もっと建設的な議論をしましょう。

- I'm sure this new product will enhance our reputation. I ask each of you to market this product aggressively. **One product, one branch, one marketing officer can change** the industry landscape.
  この新製品はわが社の評価を高めてくれると確信しています。各自、積極的に売り込んでください。ひとつの製品、ひとつの支店、ひとりの営業担当者が業界の勢力図を変える可能性があるのです。[industry landscape 業界の景色→業界の勢力図]

　こんな風に営業担当者にハッパをかけてみることもできそうですね。少し照れくさいかもしれませんが、言ってみて社員の反応を楽しむくらいの度胸と気持ちの余裕を持ちましょう。

Review

間(pause)の効果を
うまく利用する

　みなさんはマララ氏のスピーチを聞いてどのような印象を持たれましたか。大人も顔負けの伝え方(delivery)のうまさを感じたのではないでしょうか。

　スピーチの原稿は、基本的にはスピーチライターによって書かれたと言われています。生々しい実話をさまざまなレトリックを駆使してドラマチックなストーリーに仕上げ、聞き手の理性と感情の両方に訴えるよううまく工夫されています。

　こうした内容(content)の素晴らしさもさることながら、ここで注目したいのは、マララ氏の伝え方です。まるで自分の気持ちを素直にぶつけているかのように、気持ちを込めています。そう聞こえるのはなぜでしょうか。

　その理由のひとつに、**間の置き方とペース(pausing and pacing)の絶妙さ**が挙げられます。言葉をゆっくりとかみしめるように語りながら、強調したいフレーズの直前にちょっとした間を置いています。例えば①**口を閉ざし殺されるのを待つ**、②**声を上げて殺されること**、という究極の選択肢を挙げ、一拍置いたうえで I decided to speak up.（私は声を上げることにしたのです）と結論を述べています(Section 1)。

　間を置くことで、聞き手自身も、自分だったらどうするか、あるいは、どちらの選択肢を選んだのか、と一瞬考えるでしょう。ここは聞いてほしいという文の直前の間(pause)は、注意を引きつける効果が期待できます。スピーチやプレゼンを声に出して練習するときに意識してみましょう。

Unit 2

アウン・サン・スー・チー
Aung San Suu Kyi

―― ミャンマー ――

Aung San Suu Kyi

■ **アウン・サン・スー・チー**
Aung San Suu Kyi

1945年ミャンマー生まれ。ミャンマーの政治家、国民民主連盟中央執行委員会議長。ビルマの独立運動を主導した、アウン・サン将軍の娘。ビルマ語、英語、フランス語、日本語の4カ国語が話せる。

1988年の国民民主連盟（NLD）の結党に参加し、書記長に就任。1989年自宅に軟禁。2010年軟禁解除。2012年NLD中央執行委員会議長に就任。2016年の新政権発足に伴い、外相、大統領府相を兼任。新設の国家顧問にも就任。

英語の特徴

　ミャンマーの公用語は、同国の最大民族ビルマ族の言語であるビルマ語（Burmese）で、130を超える民族間の共通言語となっています。

　スーチー氏の英語は、ビルマ語の訛りはほとんど感じさせず、イギリスのネイティブに近いきれいな発音です。言葉遣いにも知性を感じさせる品格のある英語です。

　自分の思いをストレートに伝える力強さがある一方で、アジア的ともいえる相手に対する思いやりや温かさも兼ね備えています。論理的に説得力を持たせながら、ときに情感にも訴えるそのバランスは、まさに絶妙。英語学習者として学ぶべきヒントが満載です。

　本章のテキストは、2013年のダボス会議の特別セッションでアウン・サン・スー・チー氏が報道陣の質問に即興で答えるものです。

　なお、スーチー氏はミャンマーのことをBurma（ビルマ）と呼んでいますが、軍事政権時代につけられたミャンマーという名称を嫌うためと言われています。

Section 1

国民が求めているのは、とにかくまず仕事。

Track 09

（「以前あなたはビルマの若年層の失業についてふれ、外国の投資家に対して『雇用の創出』を訴えていましたが、今年のダボスで発信したいメッセージは？」と聞かれて）

Aung San Suu Kyi: Everywhere I go in this country, there are six requirements that people keep repeating to me. ❶It's amazing how it's the same everywhere. I get the same message everywhere.

When I go to the villages, whether it's in the ❷south of Burma, or north, southeast, west, I always try to ask... I ask them—I try to speak to as many of the people in the towns and villages as possible, and I ask them what they need most.

And always the answer is, "❸First of all, jobs." They want work. They don't want handouts. They want the ❹dignity of being able to work for their own living, to earn their own living.

requirement: 必要なもの

Burma: ビルマ（ミャンマーの別名）

handout: 施し物
dignity: 尊厳
earn one's own living: 生計を立てる

スピーチのツボ！

❶ まず国民の要望が6つあることを示す

最初に、国民の求めるものは6つあることを示しています。その6つがどこに行っても同じであることを amazing とし、I get the same message everywhere. と同じであることを繰り返し強調しています。

❷ いずこも同じであることをさらに繰り返す

south、north、southeast、west… と様々な方角を示しながら、what they need most（もっとも必要としているもの）は全国共通であることを繰り返しています。異なる言い回しを使っているので、くどい感じはまったく受けません。

❸ 引っ張ったうえで回答を出す

聞き手に何だろうと思わせながら、もっとも必要なのは jobs だと述べます。handouts（施し物）ではなく jobs（仕事）が欲しいのだ、と畳みかけます。最初に6つと言いながら、6つを並べるのではなく、まず最優先のものを出すことで、聞き手の注意をそこに集中させています。

❹ 仕事を dignity（尊厳）と表現

生活するために働くことを、相手の立場に立って「（人間の）尊厳」と表現しています。dignity（尊厳）という単語にスーチー氏の思いやりが感じられます。聞き手の良心に訴える効果的な単語です。

訳

アウンサン・スーチー：私が国内のどこに行っても、人々が私に繰り返し訴えてくる6つの要求があります。それがどこであっても同じものであることに驚かされます。同じ言葉をどこでも聞かされるのです。

私は小さな集落に行くときは、それがビルマの南部であろうが、北部、南東部、西部であろうが、私はいつもその町や村のできるだけ多くの人たちと話をするようにしているのですが、彼らがもっとも必要とするものは何かと尋ねてみるのです。

すると、その答えはいつも「何よりも仕事が欲しい」というものなのです。彼らは仕事を求めているのです。施し物などは欲しくないのです。彼らは自分の生活のために働き、自らの生計を立てることができる尊厳を求めているのです。

Section 2

将来に対して、希望が持てないことが心配。

(Section 1 からの続き)

Aung San Suu Kyi: ❶Number one is jobs. Number two, water; number three, roads; number four, electricity; number five, education; number six, health.

It's—this is repeated everywhere, everywhere—and so jobs are a priority, and especially jobs for our youth. In my constituency, ❷75% of our graduates are unemployed.

And I have been told by independent surveyors that this is very much the national average for youth unemployment.

About 70% of our youth are unemployed. And as I keep saying, it's not ❸joblessness that is so worrying, as much as ❸hopelessness. When they get to a point when they lose hope in the future, then these young, unemployed people ❹will be a social problem for us.

---

priority: 優先すること
constituency: 選挙区 [民]
graduate: (大学の) 卒業生
unemployed: 失業している
independent: 民間の、独立した、外部の
surveyor: 調査機関

get to a point when...: ～するところまで達する

スピーチのツボ！

❶ No.2 以降を列挙しながら jobs を引き立てる

インフラ、教育・健康といった6つの重要事項の中で、国民にとって jobs（仕事）がもっとも重要なことを上手に説明しています。

❷ 具体的な数字をあげて説得力を持たせる

若年層の失業率は 75% という自分の選挙区の数字をあげています。聞き手に多いと意識させたうえで、実は全国レベルでみても 70% で大差がないことを示しています。ふたつの数字を上手に使ってインパクトを持たせています。

❸ joblessness と hopelessness を対比

失業率の高さに驚くと思われる聞き手に対し、問題なのは失業ではなく希望がないことだと訴えます。数字という客観性を持たせたうえで、心の状態を示す hopelessness（希望がないこと）を気持ちを込めて発声し、聞き手の感情面に訴えかけています。

❹ 社会問題へと発展するとの見通しを示す

when they lose hope in the future で hope という単語に再度気持ちを込めながら、social problem（社会問題）になるであろうとの見解を示しています。may be・could be（〜かもしれない）ではなく、will be（〜となるでしょう）を使って可能性が高いことを示しています。

訳

アウンサン・スーチー：（人々が求めるものの）1番目は仕事です。2番目は水、3番目は道路、4番目は電気、5番目は教育、6番目は健康です。

そして、これはどこに行っても同じなのです。ですから、仕事、特に若者のための仕事が最優先の問題なのです。私の選挙区では、75パーセントの大学卒業生が失業しています。

そして、いくつかの民間調査機関から聞いたところでは、それが若年層の失業率の全国平均そのものだそうです。

わが国の若者のうち、その約70パーセントが失業しているのです。私がいつも言っているように、非常に憂慮すべきことは仕事がないことではなく、希望がないことなのです。彼らが将来への希望をなくすほど追いつめられたとき、失業者は私たちにとって社会問題となるでしょう。

Section 3
自分の選挙区では、できるところからやる！

Track 11

（「地方変革に向けて政府は具体的に何をやってきましたか」、「大統領となった暁には、地方の人々が経済開放の恩恵を享受するために何をしますか」と聞かれて）

Aung San Suu Kyi: Now, as I said earlier, jobs, water, roads, electricity, education, health. That's what they always talk about. And ❶the most difficult thing of all is the first one—jobs. Job creation.

This is why, when I talk to businesspeople, I always try to encourage them to engage in the kind of investment that will create jobs.

As you all know, ❷the extractive industries do not create too many jobs. They are not strong on jobs, but Burma is strong on extractive industries. So we have this problem to deal with. I can't create as many jobs as I want in my constituency, so ❸I go for what I can do.

The first thing I went for was water. Because ❹that was the easiest, and yet this is a great need. And as soon as I was elected, I started arranging for wells to be dug. It's as simple as all that.

---

job creation: 仕事創出、雇用創出

encourage: 促す、勧める
investment: 投資

extractive: 採掘の

(be) strong on...: 〜が得意な、〜を重視している

go for...: 〜を試みる、めざす

| Unit 2 | Aung San Suu Kyi

スピーチのツボ

❶ 6つを再度並べて jobs の難しさを強調

jobs が the most difficult thing of all（その中でもっとも難しい）と初めて明言します。これまでは重要度が高いことを述べてきましたが、ここでは難易度も高いことに触れ、取り組むのに容易ではない現実を説明しています。

❷ 理由として産業構造上の問題を指摘

ビルマの強みである extractive industries（採掘業）では十分な雇用を創出できないことを説明しています。聞き手の心のなかにある Why is it difficult?（なぜ難しいのか）を意識して理由づけをしていくことは説得力を持たせるうえでとても重要です。

❸ できることから手を付けるという方針を示す

雇用の創出は自分の力では出来ないとしたうえで、I go for what I can do. と、自分として出来ることをしっかりやるという方針を述べています。

❹ 自分の取り組み実績をアピールする

jobs の次に重要な water について、the easiest（もっとも簡単）だが a great need（必要性が高い）とコメントします。さらに、as soon as I was elected と、すぐに取り組んだことをアピールしています。

訳

アウンサン・スーチー：さて、私が先ほど申し上げたように、仕事、水、道路、電気、教育、健康——そうしたことについて人々はいつも口にしています。そして、その中でもっとも難しいのが、最初に挙げた仕事です。仕事の創出です。

だから、私が実業家と話をするときは、いつも彼らに仕事を創出するような投資をしてくれるように求めているのです。

みなさんの誰もがご存じのように、採掘業はそれほど多くの仕事を生み出しません。それは仕事を生まないのですが、ビルマでは採掘業が盛んなのです。ですから、私たちはこの問題に対処しなければなりません。私は自分の選挙区では望んでいるほどの仕事を生み出すことはできないので、とりあえず可能なことから取り組んでいます。

最初に取り組んだのは水です。というのは、これがもっとも容易であり、しかも必要性が高いからです。そして、私は議員に選ばれるとすぐに井戸を掘るための手配を始めました。それはそれくらい簡単なことなのです。

45

Section 4

政府は、優先順位をハッキリさせるべき！

(Section 3 からの続き)

Aung San Suu Kyi: And yet Burma is supposed to be the country in Southeast Asia with the greatest water resources, and we don't have enough water. And then I went about roads. Because ❶<u>this is, again, a possibility</u>.

❷<u>So what I would like the government to do is</u>, first of all, <u>to target the greatest needs of our people</u>, <u>our country</u>, and then see what can be done first, and then go about it.

❸<u>I've often made the complaint that there's no structure to the reform process</u>. We're not aware of a government policy with regard to the reform process: how they're going to go about it, what their ❹priorities are, and what the ❹sequencing is going to be. So that is what I would like to see: ❹priorities, ❹sequencing, targeting the most urgent needs of the country.

(be) supposed to...: 〜である［する］はずである

possibility: 実現可能なこと

go about...: 〜にとりかかる

complaint: 不満、苦情

with regard to...: 〜に関して

sequencing: 順序を決めること

スピーチのツボ

❶ roads を possibility と位置づける

　Section 3 では水の問題を the easiest、simple などと形容し、やればすぐできることを強調してきました。Section 4 では、優先順位3番目の roads を a possibility（実現可能）とし、自分の取り組みにふれています。筋道を立てた論理的な展開です。

❷ our people、our country と畳みかける

　So what I would like the government to do is の直後に一拍置いています。間を置くことによって、to target the greatest needs of our people の部分を強調する効果を狙っています。our people に続いて our country と続けています。国民、国のニーズを組むべきであることを、our を反復しながらリズムよく語っています。

❸ reform process を正面から批判

　現政府の reform process（改革の進め方）について complaint（苦情）を呈しています。自分の実績・考えを示したうえでの批判には説得力があります。

❹ priorities と似た意味の sequencing をうまく使う

　同じ内容を繰り返すときに、うまく言い方を変えています。priorities（優先課題）と sequencing（順序を決めること）を含む文章を示したうえで、このふたつの単語を単独で、発声に力を込めて繰り返しています。聞き手に対するインプットを意識した話し方です。

訳

アウンサン・スーチー：ビルマは東南アジアでもっとも水資源が豊富な国であるはずなのに、水が不足しています。そして次に、私は道路に取りかかりました。なぜなら、これも実現可能だからです。

　というわけで、私が政府に実行していただきたいことは、何よりもまず、国民、そして国がもっとも必要としていることを目標に定め、最初に何ができるかを考えてから、それに取り組むことなのです。

　私は改革の進め方に何の脈絡もないことについて何度も不満を述べてきました。私たちは、改革の進め方に関して政府の方針を知らないのです。政府はどう取り組むつもりなのか、優先課題は何なのか、順序をどう決めるのか、そうしたことが私の知りたいことなのです。すなわち、優先課題を決め、順序をつけ、わが国がもっとも緊急に必要としていることに目標を定めるということです。

Section 5

土地の所有権移転に関わる法整備が急務である。

（貧困の削減についての考えを聞かれて）

Aung San Suu Kyi: Reducing poverty in Myanmar means ❶<u>reducing the poverty of the people in our rural areas</u>. Because, as I think—I'm sure this statistic has been drummed into your head ❷<u>every half an hour since yesterday</u>—nearly 70% of our population live in the rural area. So ❷<u>Burma is basically an agriculture country</u>.

And because of that, if [we] want to reduce poverty, we have to look to our rural population. So it's an agricultural policy, and that starts with land. I think you must have heard about the issue of ❸landlessness in this country and the problem of ❸illegal transfers of land.

So this is a legal issue, and there's a committee in the legislature which is looking into the problem of the illegal transfer of land and what we can do to have it transferred back to the rightful owners. This is ❹<u>a very, very complicated business</u>.

---

reduce: 減らす

statistic: 統計データ
drum into...: ～にたたき込む

landlessness: 土地を持たないこと
illegal: 違法な
transfer: 譲渡、移転

legal: 法律の
legislature: 立法府
look into...: ～を検討する

Unit 2 **Aung San Suu Kyi**

スピーチのツボ

❶ 結論を先に述べる

poverty reduction（貧困の削減）に関する考えを示してほしいと聞かれ、農家の貧困を減らすことだ、と自分の見解を明確に述べています。セッション全体として、①説明→結論、②結論→説明、というふたつのバリエーションをバランスよく使っています。

❷ 貧困の根底にある事実について述べる

農家の貧困というけれども、なぜ農家なのだろうという聞き手の潜在的な疑問に答えています。Burma is basically an agriculture country. で、ビルマは基本的に農業国であることにふれています。every half an hour since yesterday（昨日から30分毎に）というユーモアを入れ、「その話は耳にタコだよ」という聞き手の気持ちにも配慮しています。

❸ 農家が貧しい原因に食い込む

農家が貧しいのは土地に関する農業政策が原因であるとし、具体的に① landlessness（土地を持たないこと）、② illegal transfers of land（土地の違法譲渡）の要因を挙げ、焦点を絞っています。

❹ 一筋縄ではいかないと指摘

正しい所有者に不動産の所有権を戻すことを a very, very complicated business（非常に複雑な作業）と形容しています。この言い方をみれば、そう簡単にはいかないことが容易に理解できます。

訳

アウンサン・スーチー：ミャンマーにおいて貧困を減らすということは、農村に住む人々の貧困を減らすことを意味します。なぜなら、私の考えでは……昨日から30分おきにこの統計データはみなさんの頭にたたき込まれているはずですが、国民のほぼ75、いえ70パーセントが農村に住んでいるのです。ですから、ビルマは基本的に農業国なのです。

そのために、もし貧困を減らしたいのならば、私たちは農村の住民に注目しなければなりません。つまり、それは農業政策（の問題）であり、土地（の問題）に起因しているのです。みなさんも、この国における土地略奪の問題と土地の違法譲渡の問題について聞いたことがあるでしょう。

ですから、これは法律的な問題で、立法府には土地の違法譲渡の問題や、正当な所有者に土地を返還するために何ができるのか検討している委員会があります。これは非常に複雑な作業です。

Unit 2 これは使える！スピーチ力増強スキル

> **It's amazing** how it's the same everywhere.
> I get the same message everywhere. (Section 1)
>
> それがどこであっても同じものであることに驚かされます。
> 同じ言葉をどこでも聞かされるのです。

「驚き」を素直に表現するスキル

　It's amazing...「～には驚かされます」は、いい意味での驚きや信じられない気持ちを表すのにピッタリのフレーズです。やや大げさな感じを受けるかもしれませんが、このような簡単なフレーズで自分の驚きの気持ちを素直に表現したいものです。下記にいくつか例を挙げてみましょう。

- It's **amazing** to see so many joggers in the park.
  公園でこれだけ多くの人がジョギングしているのを見るのは驚きです。

- It's **amazing** how beautiful the view from the top floor is.
  最上階からの眺めは驚くほど美しいです。

　また surprising、astonishing などの形容詞も同じように「驚き」を表します。

- It's **surprising** how quickly you got used to the new environment.
  あなたが新しい環境にすぐ慣れたことに驚いています。

- It's not **surprising** that the construction cost was well above the initial estimate.
  建設コストが当初の試算を大幅に上回ったのは驚くに当たりません。

- It's **astonishing** that the team won the league title.
  そのチームがリーグ優勝したのは驚きです。

- The completion of the railway tunnel project is an **astonishing** achievement.
  鉄道トンネルプロジェクトの完成は驚くべき偉業です。

> About 70% of our youth are unemployed. And as I keep saying, it's not joblessness that is so worrying, as much as hopelessness. (Section 2)
>
> わが国の若者のうち、その約 70 パーセントが失業しているのです。私がいつも言っているように、非常に憂慮すべきことは仕事がないことではなく、希望がないことなのです。

数字やデータを挙げて、厳然たる事実を示すスキル

　ここでは 70%（seventy percent）という数字が出てきますが、いざというときに数字をサッと言えるように、改めて復習しておきましょう。

　まず、桁数のちがいから。1000 までは問題ありませんが、1 万以上は日本語と英語で数字の区切りが違います。不思議と 1 兆のところで one trillion と、日本語も英語も区切りが同じになります（表の最下段）。

数字	英語	日本語
10,000	ten thousand	1万
100,000	one hundred thousand	10万
1,000,000	one million	100万
10,000,000	ten million	1000万
100,000,000	one hundred million	1億
1,000,000,000	one billion	10億
10,000,000,000	ten billion	100億
100,000,000,000	one hundred billion	1000億
1,000,000,000,000	one trillion	1兆

　実際の文章でも確認してみましょう。

・Japan's population is **127 million**.
　日本の人口は 1 億 2700 万人です。

・The number of foreign tourists has exceeded **20 million** per year.
　外国人観光客の数は年間 2000 万人を超えました。

Unit 2 これは使える！ スピーチ力増強スキル

This is why, when I talk to businesspeople, I always try to <u>encourage</u> them <u>to</u> engage in the kind of investment that will create jobs. (Section 3)

だから、私が実業家と話をするときは、いつも彼らに雇用を創出するような投資をしてくれるように求めているのです。

encourage A to B で相手を励ます、行動を促す

　encourage の基本的な意味は「元気づける、励ます」で、**encourage A to B** の形で「A に B を促す・助長する・奨励する」となります。上記の例文では「彼ら（外国人投資家）に、雇用を生む投資を促す」という意味になります。いずれにしても、ポジティブな意味なのでよく使われます。両方の使い方をマスターしておきましょう。

- Your words **encouraged** me a lot. Thank you.
  あなたの言葉によって元気づけられました。ありがとうございます。

- The professor **encouraged** me **to** study abroad.
  その教授は私に留学を勧めてくれました（原意：留学してみなさいと励ましてくれた）。

- I **encourage** you **to** apply for the post.
  仕事に応募したらいいのではないかと思います（直訳：私はあなたにその求人に応募することを促します）。

- Staff members are **encouraged to** participate in the seminar.
  スタッフは、セミナーにふるってご参加ください。

　形容詞 encouraging も「励みになる、期待の持てる」というポジティブな意味を持っています。使える範囲の広い単語です。

- The team's performance has been very **encouraging**.
  チーム成績はとても励みになります。

- It's **encouraging** that the project is on track.
  プロジェクトが予定通りに進んでいて励みになります。［be on track: 予定通りの］

| *Unit 2* | Aung San Suu Kyi

> Burma <u>is supposed to</u> be the country in Southeast Asia with the greatest water resources, and we don't have enough water.　　　　　　　　　　　　　Section 4)
>
> ビルマは本来は東南アジアで最も水資源が豊富な国であるはずなのに、実際には水が不足しています。

be supposed to... で理想と現実のギャップを表す

　be supposed to... は「本来は（本当は）〜のはずだ」という意味で、「でも実際には〜」というニュアンスが含まれます。

　上記の例文の「本来は、水は十分あるはずだ。しかし、実際には十分ではない」という使われ方に見られるように、本来あるべき姿と現実とのギャップを表すときにピッタリなフレーズです。以下、具体的な使い方を見ていきましょう。

・Jenny **was supposed to** come to the party.
　本当はジェニーはパーティに来るはずですが……（来ないかもしれないというニュアンス）。

・I **was supposed to** attend the meeting, but an urgent matter has come up.
　ミーティングに出席するはずだったのですが、急用ができてしまいました。

　また、be supposed to... には、「（規則・約束などで）〜することになっている」という用法もあります。

・Employees **are supposed to** have a medical check-up by the end of this month.
　従業員は今月末までに健康診断を受けることになっています。

・I'm **supposed to** be picking up an overseas guest at the airport.
　空港で外国からの客を出迎えることになっています。

Review

相手の立場を理解する

　スー・チー氏のインタビューを聞いて思うのは、決して大声で力んで話しているわけではないのに、発言に説得力や迫力があることです。

　その秘訣は、**論理的であるとともに情感にも訴える絶妙なバランス**にあるのではないかと思います。自分の思いをロジカルかつ率直に伝える力強さがある一方、相手の目線に立った思いやりや温かさが随所に感じられます。

And always the answer is, "First of all, jobs." They want work. They don't want handouts. They want the dignity of being able to work for their own living, to earn their own living. (Section 1)

First of all, jobs. ⇒ They want work. ⇒ They don't want handouts. と短い簡潔な言葉で畳みかけたうえで、They want the dignity of ... と続けます。生きていくために働くことを dignity（人間の尊厳）と表現している点は、国民に対する思いやりを感じさせます。

It's not joblessness that is so worrying, as much as hopelessness. (Section 2) も同様です。失業よりも希望がないことが心配、というくだりも、国民の心情に寄り添っています。

　自分の考えを一生懸命熱く語ったとしても、聞き手の立場に対する配慮に欠けると、聞き手は押しつけられたような気持ちになります。プレゼン・スピーチ原稿を練るときは、相手の立場を意識した展開を心がけましょう。

Unit 3

ジャック・マー
Jack Ma

—— 中国 ——

Jack Ma

Unit 3 Jack Ma

■ **ジャック・マー**
Jack Ma（馬雲）

1964年生まれ、中国の実業家。アリババ社の創業者、現会長、元CEO。

1988年杭州師範学院（現杭州師範大学）英語科卒業。1999年アリババネットを創業。2005年中国ヤフーを買収し、会長に就任。
2007年ソフトバンク（現ソフトバンクグループ）取締役に就任。

英語の特徴

　中国語の動詞には英語の過去・現在・未来と言った時制の区別がなく、時間軸は別の方法で表すため、なかには英語を話すときに時制をあまり意識しない人もいます。ジャック・マー氏の英語にもその特徴が見られます。

　マー氏の英語から学ぶべきところは、自分の思いを自分の言葉で自信を持って堂々と語っている点です。文章が正しいことよりも、伝えたいことをわかりやすい言い回しで伝える姿勢を保ち、間を置きながら緩急をつけ、ときにはユーモアを交えながら、会場をマー氏の世界にしっかり引き込んでいます。

　ユーモアと言っても、面白ネタを披露しているわけではありません。どのようなひと言が笑いをとっているのか、チェックしてみましょう。

　なお本テキストは、2015年ダボス会議において、Bloomberg TVのCharlie Rose氏によって行われたジャック・マー氏へのインタビューセッションからの抜粋となります。

Section 1

Eコマースが当たり前の時代が到来する！

Track 14

（アリババの規模や従業員数を聞かれて）

Jack Ma: We created, ❶14 million jobs for China, directly and indirectly. And, we [grew] from ❶18 people to 30,000 people— ❶18 people in my apartment, to now we have ❶four big campuses. Compared to ❷15 years ago, we are big, but compared to ❷15 years later, we are still a ❷baby.

I think 15 years ago, I told my team that, 15 years—in the past 15 years, we [will] grow from nothing to this size, and 15 years later, I want people [to] see—know about Alibaba, know Taobao, ❸because it's already everywhere.

I want—15 years ago, when we talk about "What is e-commerce?" "Why small business can [use] this e-commerce?"—there's Internet can do business across the nation.

And I hope 15 years later, people forget about e-commerce, because they think—it's like ❹electricity: nobody thinks it's high-tech today. This is something that I don't want, 15 years later, we still walk on the street, talking about why and how e-commerce can help people.

campus: 整備されたビジネス拠点

Alibaba: アリババ（企業が企業向けに商品を販売している取引サイト）
Taobao: タオバオ（中国最大級の一般消費者向け通販サイト）

スピーチのツボ

❶ 規模の拡大を効果的に示す

　1400万人、18人→3万人、18人→4つの社屋と、インパクトのある数字を並べるとともに、apartment → campuses といった例を出しながら、15年前と今を比較していかに規模を拡大させるとともに雇用を生んできたかを実績で示しています。

❷ 時間軸で変化を語る

　次に、15年後に振り返った今を baby と形容して笑いをとり、今後も規模の急拡大が続くことを示しています。過去（15年前）→現在→未来（15年後）という3つの時間軸で、業容の拡大を印象づけています。

❸ 15年後の野望を大胆に述べる

　15年後にアリババとタオバオを誰でも知っている存在となってほしいと述べ、それを because it's already everywhere. とさらっと言い切っています。

❹ e-commerce を electricity と比較する

　e-commerce はハイテクではなく当たり前のものとなる時代が来ることを、electricity を例に出して説明しています。みなが納得する具体例を出すことで話に説得力を持たせています。

訳

ジャック・マー：私たちは直接的、間接的に中国のために1400万件の雇用を生み出してきました。そして、社員の数は18人から3万人へと増えたのです。私のアパートで18人から始めたのですが、それが今では大きな社屋が4か所にあります。15年前に比べると、確かに規模は大きくなりましたが、15年後に比べれば、まだ小さな赤ん坊です。

　15年前には——私は社員に言ったのですが——15年、この15年間に、私たちは何もないところから始めて今の規模にまで成長しました。そして15年後には、アリババ（阿里巴巴）とタオバオ（淘宝）はどこにでもあるから誰もが知っているという存在になってほしいのです。

　15年前には、「Eコマースとは何か」「なぜ小規模ビジネスがこのEコマースを利用できるのか」「全国的なビジネスができるインターネットというものがある」などと私たちは話していました。

　それが、15年後には、誰もがEコマースのことなど忘れてしまっているでしょう。というのは、それは電気のようなものと見なされるからです。今、それ（電気）をハイテクだと思う人が誰もいないように。15年後に、私たちが通りを歩きながら、なぜ、どうすればEコマースが人の役に立つのかといったことを相変わらず議論していてほしくはありません。

Section 2

Eコマースの前提となるのは信用である。

Track 15

Jack Ma: [A lot of people said,] "How can you do business on [the] Internet?" And I know that without the ❶ trust system, the ❶ credit system, it's impossible to do business. So we —in the past 14 years, everything we do is trying to build up the ❶ trust system, the ❶ record system.

Well, Charlie, you know, ❷ I'm so proud today. When I talk to... today, in China and in the world, ❷ people don't trust each other. The government and people and media and everybody think, "Ah, this guy's is cheating."

But because of e-commerce, we finish ❸ 60 million transactions every day. ❹ People don't know each other. I don't know you; I send products to you. You don't know me; you wire the money to me. And I don't know you; I give a person a package—I don't know him. He took something to cross the ocean, cross the river and send. ❹ This is the trust. We have at least ❸ 60 million trusts happening every day.

cheat: ごまかす、だます

スピーチのツボ

❶ ネット取引が成立する根本について語る

ネット上のビジネスの基本は信用であり、そのシステムを作り上げてきたことを trust（信頼）、credit（信用）、record（記録）という3つの言葉でリズムよく表現しています。

❷ 「誇りに思う」理由をストレートに語る

まず I'm so proud today. と言って自分の気持ちをしっかり伝えたうえで、people don't trust each other. とストレートに語っています。政府・マスコミと個人の関係というわかりやすい例を挙げながら、お互いを信用し合っていない現実をわかりやすく説明しています。

❸ 数字を効果的に使う

1日の取引件数6000万件という数字が、実際にネット商取引として多いのか少ないのかは、客観的に判断できないかもしれません。しかし少なくとも聞き手に対して莫大な数だというイメージを与えるでしょう。

❹ 信用の仕組みをかみ砕いて説明

People don't know each other. から This is the trust. にかけて、短い文章を使ってその仕組みを説明しています。簡単な表現を使って、ネット取引の仕組みのエッセンスをしっかり伝えています。

訳

ジャック・マー：(多くの人たちが、)「どうして(中国で)インターネットでビジネスができるのか」と言ったのです。私は、信頼システム、信用システムというものがなければ、ビジネスをするのは不可能であるとわかっています。ですから、この14年間に私たちが行ってきたことは信用システムと記録管理システムを構築するための努力でした。

チャーリー、私は今、とても誇らしく思っています。現在、中国でも世界でも人々はお互いを信用していません。政府、国民、そしてマスコミの誰もが「ああ、こいつはごまかしている」と考えています。

しかし、Eコマースのおかげで、私たちは毎日6000万件の取引を行っています。人々はお互いを知りません。私はあなたのことを知りませんが、商品を発送します。あなたは私のことを知りませんが、私に送金してくれます。私はあなたのことを知らないのに、小包を渡します。私はその人のことを知りませんが、その人は海を横断し、川を渡って何かを送り届けます。これが信用というものです。私たちは少なくとも毎日、少なくとも6000万件の信用を生み出しているのです。

Section 3
ここまで来られたのは、投資家のおかげです。

Track 16

Jack Ma: Yeah. ❶<u>I'm very thankful for</u> all the investors, 'cause, 1999, year 2000 and even at the Yahoo! time, lot of people said, "This Jack is crazy. He's doing something that we don't understand." Lot of venture capitalists give you money because there is such [an] American model already there. But they [said], "Alibaba, we don't see this kind of model," right?

(interviewer: They say Jack's crazy.)

Yeah, "This is crazy guy!" I mean, I remember my first time in *Time* magazine. They called me Crazy Jack. And I think ❷<u>crazy is good</u>. <u>We are crazy, but we're not stupid.</u> We know what we are doing.

❸<u>But if everybody agree[d] with me</u>, if everybody believe[d] our idea is good, we have no chance. So that's... the money we raised, we are very thankful. So when our investors make [a] lot of money, I feel ❹<u>proud and honored</u>.

---

investor: 投資家

venture capitalist: ベンチャーキャピタリスト（冒険的事業への投資家）

スピーチのツボ

❶ 投資家への感謝をうまく伝える

　I'm very thankful for... と投資家への謝意を述べたうえで、自分が crazy（頭がおかしい）に見られていたこと、ベンチャーキャピタリストが投資するビジネスモデルではないことを示しています。それでも投資してくれた、という気持ちをうまく伝えています。

❷ crazy であることを肯定

　crazy という単語をさまざまな形で使ったうえで、crazy is good と肯定します。続く We are crazy, but we're not stupid. という文における crazy と stupid（愚か）の対比が絶妙です。言葉の遊びとも言えるものですが、笑いをとって、愚かではないことを嫌味のない形で述べています。

❸ ビジネスの本質を突く

　But if everybody agree[d] with me, ... から始まる、誰もが賛成し、いいアイデアと思ったら成功するチャンスはない、という一文で、新規ビジネスの本質を示しています。むしろ常識では考えられない無謀さのなかに成功の可能性が秘められていることをわかりやすく言い当てています。

❹ 投資家の利益を望む

　投資家が利益を上げることを proud（誇らしい）、honored（光栄である）というふたつの単語でうまく表しています。

訳

ジャック・マー：ええ、投資家のみなさんにはとても感謝しています。というのは、1999年、2000年、そしてヤフーが登場してきた時代でも、多くの人がこう言っていました。「このジャックというやつは頭がおかしい。わけのわからないことをしている」と。多くのベンチャーキャピタルが資金を提供していたのは、そうしたアメリカの手本がすでにあったからです。しかし、彼らは「アリババだって？　そんな（ビジネス）モデルはありえない」と言ったのです。

（彼らは、ジャックは頭がおかしいと）

ええ、「こいつは頭のおかしいやつだ」とね。『タイム』誌に私のことが最初に掲載されたときのことを覚えています。彼らは私のことを「クレージー・ジャック」と呼んだのです。私は、別にクレージーでもいいと思います。私たちはクレージーですが、愚かではないのです。私たちは自分たちが何をしているのかわかっています。

　しかし、誰もが私の言うことに賛成し、私のアイデアがよいものだと思ったら私たちには（成功する）チャンスはないのです。私たちが集めた資金については、とてもありがたく思っています。ですから、私たちに投資してくれた人たちが大きな利益を上げてくれると、私は誇らしく、光栄に思うのです。

Section 4

太極拳とは、経営哲学である。

Track 17

Jack Ma: I love Tai Chi. ❶ <u>Tai Chi is a philosophy</u> about yin and yang. Tai Chi is about how you balance—how you work.

Like competition. People say, when I compete with eBay, say, "You hate eBay." ❷ <u>No, no, no, I don't hate eBay</u>. It's a great company. You know, they come, I go… You know, Tai Chi is like, "❸ <u>You fight here, I go over there. You're put at the top, I go down</u>."

Right, so… it's a balance. Right? You're heavy, I'm small, you know. When I'm small, I can jump. ❸ <u>You're heavy, you cannot jump</u>. So Tai Chi is about a philosophy. I'm using Tai Chi philosophy in the business. Calm down. There's always a way out. And keep yourself balanced.

And meanwhile, don't try to—because business is —❹ <u>competition is fun. Business is not like a battlefield</u>—you die or I win. Business—even if you die, I may not win, right? So it's about fun. So Tai Chi gives me a lot of inspiration.

Tai Chi: 太極拳
yin and yang: 陰と陽

eBay: インターネット上で最大手のオークションサイト（2002年に中国に進出）

way out: 解決策、出口

meanwhile: 同時に、一方では

inspiration: 示唆、いい思いつき

スピーチのツボ！

❶ 経営哲学を太極拳で示す
Tai Chi（太極拳）を、陰と陽に関する哲学、競争の中でのバランスに関わるものだと説き、経営哲学と結びつける工夫が見られます。

❷ 先回りして疑問・疑念を払しょくする
eBay を敵視しているのではないか、という聞き手の懸念をあえて先回りしてふれる preempt the issue（問題点について先に取り上げる）方法です。問題点を先出しすることで聞き手は突っ込みにくくなるほか、仮に突っ込まれても後手に回らずに済みます。

❸ 太極拳とバランスを結びつける
バランスの大切さを示すために、体のバランスを理想的な状態に保つ太極拳を引き合いに出している点に工夫が見られます。You fight here, I go over there... You're heavy, you cannot jump. の解説では会場の笑いをとっています。

❹ competition を battlefield と対比する
competition（競争）を fun（楽しい）と形容し、battlefield（戦場）ではないと言っています。その理由として、相手が死んだからと言って自分の勝ちとは限らないとしています。Section 3 の crazy と stupid の比較同様、わかりやすい対比の仕方です。

訳

ジャック・マー：私は太極拳が大好きです。太極拳は陰と陽に関する哲学です。太極拳は、どうやってバランスをとるのか――例えばどう自分を機能させるのかを教えてくれます。

まるで競争のようですね。私が eBay と張り合っているとき、人は「あなたは eBay が嫌いですよね」と言います。いいえ、とんでもない。私は eBay が嫌いではありません。それはすばらしい会社です。彼らが向かってきたら、私は引く……太極拳では「あなたがここを攻撃するなら、私はそっちを攻める。あなたが上に来るなら、私は下に行く」という具合なのです。

そう、それはバランスなのです。わかりますか。あなたは重く、私は小さい。（しかし）小さければ、ジャンプすることができる。あなたは重くてジャンプができない。だから、太極拳はひとつの哲学なのです。私は太極拳の哲学をビジネスに応用しています。心を落ち着けることです。そうすれば、いつでも解決策はあるのです。そして自分のバランスを保つことです。

そして、同時にビジネスは競争ですが……競争は楽しいものです。ビジネスは、あなたが死んだら私が勝つという戦場ではありません。あなたが死んでも、私が勝つとは限りませんよね。ですから、それは面白いのです。太極拳は、私にたくさんの示唆を与えてくれるのです。

Section 5

Track 18

アリババ成功のカギは、女性社員の貢献にあり！

Jack Ma: At first I think, many years ago, I want to change the world. Now I think ❶if we want to change the world, we change ourself. Change ourself is more important and easier than change the world. And second is that I want to improve the world.

'Cause ❷change the world may be Obama's job. Because ❸my job is to [make] sure that my team are happy. Because my team are happy, they can make my customer[s] happy. If my customers—they are all small business—when they are happy, we are happy. About women, ❹ one of the secret source[s] for Alibaba's success is that we have lot of women.

33 percent of the management are women, and 24 percent of the senior management, very top level, are women. We have women CEO, CFO, CPO, Chief People Officer. We have everywhere. And I think [it's] so comfortable to [work] with them.

Because women… In this world, if you want to win in 21st century, you have to [make] sure that making other people powerful, empower others, making sure the other people [are] better than you are. Then you will be successful.

---

make sure that …: 必ず〜する

CEO: 最高経営責任者 (chief executive officer)
CFO: 経理担当役員 (chief financial officer)
CPO: 最高人材活用責任者 (chief people officer)
empower: 権限[力]を与える、自信を持たせる

スピーチのツボ

❶ 実行可能なところから始める姿勢を示す

「世界を変える（change）のではなく、自分自身が変わる」。次に「世界をよくする（improve）ことを目指す」「自分が変わるほうが重要かつ簡単だ」と言って、できるところからやる姿勢を示しています。

❷ ユーモアを盛り込む

「世界を変えるのはオバマ大統領の仕事」と発言し、笑いをとっています。会場の雰囲気を和らげながら、身の丈に合ったことをやるという謙虚かつ現実的な姿勢を見せています。

❸ happy の連鎖をわかりやすく示す

「自分の仕事はチームを happy にすること」とし、その理由を非常に明快にわかりやすく述べています。心を込めてゆっくりと語っています。

❹ 女性の貢献をストレートに評価

secret source[s] for Alibaba's success（アリババの成功の秘訣）は多数の女性と言い切り、それが口先だけではないことを数字で示しています。そして、他人が自分よりも力を発揮することが成功につながると結んでいます。

訳

ジャック・マー：最初は、それは何年も前のことですが、私は世の中を変えたいと思いました。今は、もし世界を変えたいと思うなら、自分自身を変えようと思います。自分自身を変えることは、世界を変えるよりも大切ですし、簡単なのです。そして、その次に世界をよくしようと思うのです。

なぜって、世界を変えるのはオバマ大統領の仕事でしょうから。私の仕事は、社員たちが間違いなく幸せになれるようにすることなのです。私の社員が幸せならば、彼らはわが社の顧客を幸せにすることができるのです。わが社の顧客が——どこも中小企業なのですが——幸せなら、私たちも幸せなのです。女性に関してですが、アリババが成功した秘訣のひとつは、女性社員が多いということです。

管理職の33パーセントが女性で、最上級レベルの管理職の24パーセントが女性です。わが社には女性のCEO、CFO、CPOすなわち最高人材活用責任者もいます。女性は（当社の）どこにでもいます。私も女性と仕事をしていてとても満足しています。

なぜなら女性は……、21世紀で勝者となりたいと思うならば、ほかの人たちを強くする、つまり権限を与え、自分よりも優秀であるようにする必要があるのです。そうすれば、あなたは成功するでしょう。

Unit 3 これは使える！ スピーチ力増強スキル

… compared to 15 years later, we are still a baby.
(Section 1)

15年後に比べれば、まだ小さな赤ん坊です。

I think crazy is good. We are crazy, but we're not stupid.
(Section 3)

私は、別にクレージーでもいいと思います。私たちはクレージーですが、愚かではないのです。

"You fight here, I go over there. You're put at the top, I go down." Right, so… it's a balance. Right? You're heavy, I'm small, you know. When I'm small, I can jump. You're heavy, you cannot jump.
(Section 4)

彼らが向かってきたら、私は引く……太極拳では「あなたがここを攻撃するなら、私はそっちを攻める。あなたが上に来るなら、私は下に行く」という具合なのです。そう、それはバランスなのです。わかりますか。あなたは重く、私は小さい。（しかし）小さければ、ジャンプすることができる。あなたは重くてジャンプができない。

'Cause change the world may be Obama's job.
(Section 5)

なぜって、世界を変えるのはオバマ大統領の仕事でしょうから。

自然体で、ちょっとしたユーモアをはさむスキル

　ジャック・マー氏のスピーチは、随所にユーモアが散りばめられています。とはいっても、事前に仕込んだ小話やジョークを披露しているわけではありません。あくまで自然体で、そのときに浮かんだちょっとしたユーモアをはさんでいるように見受けられます。

　ユーモアは盛り込むに越したことはないのですが、笑い話などは文化的背景が違うと相手にとっては面白くないものも少なくないので、無理する必要はないと思います。むしろ、マー氏のように、ちょっとした比喩（baby）、言葉の遊び（crazyとstupid）といったものでその場で頭に浮かんだものがあったら言ってみる程度で十分です。

　ユーモアよりは、むしろ、明るく笑顔を絶やさず、アイコンタクトをしっかりし、はっきりとした大きな声で話すことのほうがずっと重要だと心得ておきましょう。

> This is something that I don't want, 15 years later, we still walk on the street, talking about why and how e-commerce can help people.　　　　　(Section 1)
>
> 15年後に、私たちが通りを歩きながら、なぜ、どうすればEコマースが人の役に立つのかといったことを相変わらず議論していてほしくはありません。

直前・直後の文を強調する This is something that...

　This is something that...（それは～です）は、直前に述べたことや直後に述べることを強調する構文です。直前（または直後）の文であれば、どんな内容でも受けることができます。

・**This is that** anyone can do.
　それはだれでもできることです。

・**This is something that** we are worried about.
　それは我々が心配していることです。

・**This is something that** cannot be recovered.
　それは取り返しのつかないことです。

　thisの代わりにthatやitを使うこともできます。意味はthisと同じです。

・**That is something** that my colleague is good at.
　それは私の同僚の得意なことです。

・**It is something that** is easy to understand.
　それは理解しやすいことです。

　このように、少し工夫するだけで、その直前や直後のことを強調することができます。

Unit 3 これは使える！ スピーチ力増強スキル

> I'm very thankful for all the investors. 'cause, 1999, year 2000 and even at the Yahoo! time, lot of people said, "This Jack is crazy. ..."
> (Section 3)
>
> 投資家のみなさんにはとても感謝しています。というのは、1999年、2000年、そしてヤフーが登場してきた時代でも、多くの人がこう言っていました。「このジャックというやつは頭がおかしい」……とね。

be thankful for... で感謝を示し、人間関係を構築する

be thankful for...（〜に対して感謝している）は、感謝の意を示すフレーズのひとつです。人間関係を構築するうえでもっとも大切なことのひとつは、相手に感謝し、それをしっかり相手に伝えることです。

感謝を示す言葉としては thank/thankful が代表的でもっとも簡単ですが、**appreciate**、**be grateful for...** といったフレーズも、丁寧に謝意を述べる場合は覚えておきたいところです。

- **Thank you for** letting me know.
  知らせてくれて、ありがとう。

- **Thank you for** coming to our reception yesterday.
  昨日は会合（パーティ）にお越しいただき、ありがとうございました。

- I'd like to **thank you for** your hospitality.
  おもてなしくださり、ありがとうございます。

- I **appreciate** your help in finishing the task.
  仕事を仕上げるのを手伝ってくれて感謝します。

- I'd **appreciate** it if you could let me know by Friday.
  金曜日までに教えてくれるとありがたいのですが。

- I'm **grateful for** your support in making this project successful.
  このプロジェクトの成功にお力添えいただき感謝しています。

> We have women CEO, CFO, CPO, Chief People, Officer. We have everywhere. And I think it's so comfortable to [work] with them. (Section 5)
>
> わが社には女性のCEO、CFO、CPOすなわち最高人材活用責任者もいます。女性は(当社の)どこにでもいます。私も女性と仕事をしていてとても満足しています。

意見や状況に対する納得や満足を示す comfortable

　comfortable は元来「快適な、リラックスできる」といった意味です（例：a comfortable bed　寝心地のいいベッド、a comfortable hotel　居心地のいいホテルなど）。Please make yourself comfortable. と言えば「自分自身をリラックスさせてください」→「どうぞおくつろぎください」という意味になります。

　また be comfortable with... の形で「〜に満足である、容易にこなせる、納得できる、違和感がない、安心である」などさまざまな意味で使われます。このように comfortable には幅広い意味があるので、文脈によってニュアンスをつかみましょう。

- The hotel room is **comfortable** to stay in.
  ホテルの部屋は滞在するのに**快適**です。

- I've become **comfortable** with the new environment.
  新しい環境に**慣れて**きました。

- I'm **comfortable** with your proposal.
  ご提案には**納得**できます。

- I feel **comfortable** with my current income.
  現在の収入に**満足**しています。

- Richard is **comfortable** with analyzing data.
  リチャードは、データ分析は**自信を持って**できます。

- The baseball team accomplished a **comfortable** win against its arch-rival.
  その野球チームは、宿敵に**余裕を持って**勝ちました。

Review

自分の持つ語彙の範囲で表現する

　ジャック・マー氏の語り口について、みなさんはどんな印象を持たれましたか。カフェでコーヒーでも飲みながら1対1で雑談をしているようなリラックス感があったのではないでしょうか。その秘密は、自分の言いたいことをシンプルな英語で心に余裕を持って伝える話術にあるのではないかと思います。

　例えば、信用（trust）の仕組みについて、People don't know each other. I don't know you; I send products to you. You don't know me; you wire the money to me....（中略）This is the trust. (Section 2) と説明しています。

　「正しくハイレベルな英語か？」と問われれば、必ずしもYesとは言えないかもしれません。では、聞き手はマー氏の英語は下手だと思うでしょうか。答えはNoです。マー氏は、的確に具体例を持ってわかりやすく語りながら、聞き手を自分の世界に引き込んでいます。

　私たちにありがちなのは、語彙力が足りないから自分の言いたいことが言えない、と思い込んでしまうことです。マー氏のインタビューから学べることは、**自分の持つボキャブラリーの範囲で、自分の言いたいことをなんとか表現してみる**という姿勢です。相手が興味を持つ話題を用意したら、自分の持つ語彙で堂々と話してみることを心がけましょう。

Unit 4

パン・ギムン
Ban Ki-moon

— 韓国 —

Ban Ki-moon

■ **パン・ギムン**
　Ban Ki-moon（潘 基文）

1944年生まれ、大韓民国出身。第8代国際連合事務総長。第33代大韓民国外交通商部長官。第11回ソウル平和賞（2012年）受賞者。

1970年ソウル大学校外交学科卒業。1980年韓国外交部国際組織条約局国連課長に就任。1985年ハーバード大学ケネディ行政大学院に留学。2006年国連事務総長に当選。2011年再当選。

英語の特徴

　韓国人の英語の発音には母音・子音ともに特色があり、潘事務総長の英語の発音にも韓国語の影響が見られます。ただ、日本人の英語との共通点も多いため、われわれにとって比較的聞きやすい部類に入るのではないかと思います。

　さて、本テキストは2013年ダボス会議の特別講演から取ったもので、シリア、そしてマリを含むサヘルの情勢について語っています。スピーチ原稿はおそらくスピーチライターが書いたものがベースになっていると推測されます。それだけに内容はよく練られており、スピーチやプレゼンの基本の型を学ぶのに適した素材です。「序論→本論→結論」の3部構成となっています。

序論（Section 1）
シリア危機とアフリカのサヘル*のふたつの点にスポットを当てるとし、まずは世界情勢全般について述べる。
↓
本論（Section 2-4）
シリア、マリ、サヘル全般を個別に取り上げる。
↓
結論（Section 5）
地球全体の問題を取り上げ、団結し、行動を起こすことを切実に訴える。

*サヘル：サハラ砂漠南縁部に拡がる半乾燥地域。セネガル、マリ、ナイジェリア、チャド、スーダンなどを指す。

Section 1

世界は今、大変革期を迎えている！

Track 19

Ban Ki-moon: I want to use our time together to highlight two immediate crises facing the international community and the United Nations: the dire situation[s] in ❶<u>Syria and the Sahel</u>. Let me start by offering a bit of ❷broad context.

These are times of tremendous turmoil and change. I call this period the ❸<u>great transition</u>. The old order is breaking down. New arrangements are taking shape.

❹<u>We see</u> this happening in economic terms. The developing world is becoming the focus of global growth. Dynamism is ❹<u>moving from West to East, from North to South</u>.

❹<u>We see</u> it environmentally. ❹<u>Slowly but steadily</u>, ❹<u>we are coming</u> to realize the risks of a carbon-based economy. ❹<u>Slowly but steadily</u>, ❹<u>we are moving</u> towards an era of sustainability and green growth.

---

highlight: スポットを当てる、強調する
immediate: 差し迫った
dire: 悲惨な
Sahel: サヘル（サハラ砂漠南端に広がる乾燥地帯）
context: 文脈、前後関係、状況
tremendous: 途方もない
turmoil: 混乱
transition: 変転、移行
break down: 崩壊する
take shape: 形を現す、具体化する
in... terms: 〜の面で
focus: 的、中心
dynamism: ダイナミズム、活力
carbon-based: 炭素（の排出）に依存した
sustainability: 持続可能性
green: (自然)環境に優しい

スピーチのツボ

❶ まずはテーマや方向性を示す

冒頭に Syria と the Sahel というふたつのテーマを提示しています。トピックスを最初に示すことによって、聞き手はスピーチを聞く心の準備ができます。

❷ 国連事務総長として大きな視点で世界を俯瞰する

まずは、broad context（広い文脈）から入っています。パン事務総長が、国際平和の維持、国際協力の実現を目的とする国際連合のトップとして、高所から世界情勢を分析する姿勢で臨むことを意識した発言と言えるでしょう。

❸ 今の世界情勢をひとことで形容する

世界を俯瞰し great transition（激動期）と呼ぶ→ old と new を対比させその理由を説明→経済面・環境面という具体例に言及、という展開は、「結論→説明→具体例の提示」というプレゼンの基本の型です。

❹ リズムを大切にする

... moving from West to East, from North to South. は聞き手の耳に心地よく響きます。We see（We see this happening in economic terms. と We see it environmentally.）や、Slowly but steadily、we are coming と we are moving もスピーチのリズムを意識したフレーズと言えるでしょう。

訳

パン・ギムン：私たちが一堂に会したこの時間を使って、国際社会と国連が直面しているふたつの差し迫った危機にスポットを当てたいと思います。それはシリアとサヘルにおける悲惨な状況です。まず、少し広い文脈から説明させていただきたいと思います。

今は、途方もない混乱と変化の時です。私はこの時期を「激動期」と呼んでいます。古い秩序は崩壊しつつあり、新しい枠組みが形を現し始めています。

こうした大きな変化が経済の面で起きていることを私たちは目の当たりにしています。発展途上国が世界的な成長の中心となりつつあります。ダイナミズムは西洋から東洋へ、そして北から南へと移動しています。

私たちは自然環境においても大きな変化を見ることができます。ゆっくりとですが着実に、私たちは炭素の排出に依存した経済活動の危険性に気づくようになっています。ゆっくりとですが着実に、私たちは持続可能性と環境に配慮する成長の時代へと移行しつつあります。

Section 2

シリアの武力衝突を終わらせよう。

Track 20

Ban Ki-moon: Ladies and gentlemen, I would like to use this platform today to use ❶a call to action on two immediate crises: the death spiral in Syria, and the widening turbulence in Mali and the Sahel. ❶Let me take them each in turn.

The military confrontation in Syria is exerting a tremendous toll on the civilian population. Well over 60,000 people have already been killed during [the] last 22 months. ❷I'm deeply pained if I think—whenever I think how many people will have to be killed if we do not bring an end to ❸this unacceptable situation.

Yet the political environment remains polarized within Syria and across the region. ❸A deadly military momentum prevails inside Syria, and among those states that are helping to fuel the conflict by sending weapons to one side or the other.

❹I call again for such arms flows to stop. The conflict in Syria is driven by a ❺profound political crisis. It must be resolved by political means that bring real change, a clear break from the past, and fulfill the legitimate democratic aspirations of the Syrian people.

---

platform: 演説、演壇、講演
call to action: 行動の呼びかけ
death spiral: 悪循環、破滅への下降
turbulence: 混乱
confrontation: 衝突
exert: (影響など を)およぼす
toll: 犠牲、死傷者数

unacceptable: 受け入れがたい

polarized: 対立した

momentum: 勢い、機運
prevail: はびこる、広がる
fuel: あおる、刺激する

profound: 根深い

legitimate: 正当な、合法的な
aspiration: 強い願望

スピーチのツボ！

❶ 緊急案件であることを訴える

　a call to action on two immediate crisis（ふたつの差し迫った危機に対する行動の呼びかけ）と言って Syria と Mali + the Sahel を挙げています。そのうえで Let me take them each in turn. と、聞き手に話の道筋を示しています。

❷ 自分の気持ちを述べる

　シリアにおける死者の数を示したうえで、I'm deeply pained と自分の気持ちを表し、感情に訴えています。fact（事実）をベースにしながら理詰めで正当性を主張しても常に物事が前に進むわけではありません、emotion（感情）を盛り込む手法もときには有効です。

❸ 現状を強い言葉で非難する

　現在のシリアの状況を this unacceptable situation（この受け入れがたい状況）、また A deadly military momentum（和解の余地のない軍事的な機運）といった強い言葉で表現し、profound political crisis（根深い政治危機）と形容しています。

❹ 武器取引を食い止める強い意思を示す

　I call again for such arms flows to stop. の一文で、なんとしても武器の流れを止めなければならないという意思表示をしています。なんとか紛争を終わらせ、シリアの人々の正当な民主主義への願望を実現させたいとする強い気持ちを表現しています。

訳

バン・ギムン：みなさん、私は今日のこの演説で、ふたつの差し迫った危機に対する行動を呼びかけたいと思います。そのふたつの危機とは、破滅に向かってシリア情勢、そしてマリとサヘルにおいて拡大が続く混乱です。それぞれについて順番に話をさせてください。

　シリアでの武力衝突は、一般市民に途方もない数の犠牲者を生み出しています。すでに6万人以上の人々が過去22か月のうちに殺害されています。私たちがこの受け入れがたい状況を終わらせなければ、このあとどれくらいの人たちが殺されなければならないのかと考える度に、私の心は深く痛みます。

　しかし、シリア国内とこの地域一帯では、政治状況は対立したままです。シリア国内、シリア国内および敵対するどちらか一方の側に武器を提供することで紛争を激化させている国々では和解の余地のない軍事的な機運に満ちています。

　私はそのような武器の流れを中止するよう改めて求めます。シリア国内の紛争は根深い政治危機によって生み出されています。それは、真の変化と過去との断固とした決別をもたらし、シリアの人々の正当な民主主義への願望を実現してくれる政治的手段によって解決されなければなりません。

Section 3
マリの惨状に対しては、支援が必要である。

Ban Ki-moon: Ladies and gentlemen, ❶ the crisis in Mali is deepening. The country is under grave threat from extremist armed insurgents. A toxic mix of poverty, extreme climate conditions, weak institutions, drug smuggling, and easy availability of deadly weapons is causing ❷ profound misery and dangerous insecurity in and beyond Mali.

More than 350,000 Malians have fled their homes. Eighteen million people across the Sahel region are affected by the consequences, including the threat of food shortages. Mali has called for help in restoring its ❸ constitutional order and territorial integrity.

France has taken an important decision to deploy troops following the troubling move southward by extremist groups. The African-led International Support Mission [to] Mali is taking shape, organized by ECOWAS with support from the African Union and other troop contributors.

The United Nations is ❹ fully committed to helping Mali in its hour of need. That assistance will necessarily run from security efforts to those in the humanitarian and political areas.

---

extremist: 過激派の
insurgent: 反乱者
toxic: 有害な
smuggling: 密輸
availability: 手に入れること
misery: 悲惨さ
insecurity: 不安定さ
flee: 逃げる
consequences: 結果
constitutional: 憲法の
territorial: 領土の
integrity: 統一性
deploy: （軍隊などを）展開する
The African-led International Support Mission to Mali: アフリカ主導マリ国際支援ミッション（反政府勢力の脅威にさらされている政府を支援するため、西アフリカ諸国経済共同体加盟国によって編成された軍事ミッション。略称はAFISMA）
take shape: 具体化する
ECOWAS: 西アフリカ諸国経済共同体
African Union: アフリカ連合
contributor: 貢献者
in one's hour of need: 援助が必要な
humanitarian: 人道的な

スピーチのツボ

❶ 単刀直入に現状を述べる

冒頭の部分で the crisis in Mali is deepening.（マリの危機は深まりつつあります）と、ストレートに主題に入っています。短いひと言で現状を総括し、次に説明に入っていくという順序です。

❷ 重くのしかかる言葉を選ぶ

poverty（貧困）、extreme climate conditions（極端な気象条件）、deadly weapons（殺傷兵器）と要因を挙げながら、こうした要因が重なって profound misery（非常に悲惨な状況）と dangerous insecurity（一触即発の不安定さ）が生じているとコメントします。インパクトのある言葉を選び、悲惨な状況を切々と訴えています。

❸ マリからの支援要請とフランスの支援にふれる

マリが constitutional order（憲法秩序）と territorial integrity（国土の統一性）の回復にかかわる援助を求めていることを述べたうえで、フランスの支援について触れています。

❹ 国連の行動をアピールする

国連の関与につき、fully committed（全力で取り組んでいる）という言い回しを使って、揺るがない姿勢と幅広い範囲における行動をアピールしています。

訳

パン・ギムン：みなさん、マリの危機は深まりつつあります。この国は、過激派武装勢力からの大きな脅威にさらされています。貧困、極端な気象条件、脆弱な国家機関、麻薬の密輸、簡単に入手できる殺傷兵器といった有害な要因が重なって、マリとその周辺地域には、非常に悲惨な状況と一触即発の不安定さが生まれています。

すでに35万人以上のマリ人が自分の故郷から脱出しています。その結果、サヘル地域の1800万人が食糧不足を含むさまざまな影響を受けています。マリ政府は、憲法秩序と国土の統一性を回復するために援助を求めています。

フランス政府は、過激派グループによる不穏な動きが南へ広がっているのに対応して部隊を展開するという重要な決断を下しました。「アフリカ主導マリ国際支援ミッション」が具体化しつつありますが、これはアフリカ連合とそのほかの部隊派遣国の支援を受けてECOWAS（西アフリカ諸国経済共同体）によって組織されたものです。

国連は援助を必要としているマリの支援に全力で取り組んでいます。その支援は当然のことながら、治安の維持から人道や政治の分野にまでおよぶことになります。

Section 4

Track 22

マリの影響は、サヘル全域に伝播している。

Ban Ki-moon: ❶ Let us also remember the bigger picture. What happens in Mali is affecting the entire region. And we cannot expect to address the issue in Mali unless we confront the challenges affecting the broader region. The governments and people of [the] Sahel need our full support.

The United Nations has mobilized over ❷ one billion dollars to support the immediate needs of affected populations, including more than ❷ one million children under the age of five at risk of acute malnutrition.

While recent rainfall promises a better harvest season, ❸ the warning lights continue to flash. My special envoy for the Sahel, Mr. Romano Prodi, former Italian prime minister, has been focusing on four key issues: security, governance, humanitarian requirements, and development.

And he is engaging a full range of stakeholders, including women, religious and business leaders, representatives of the region's tribes, and others. ❹ The goal: an integrated strategy that would address all dimensions of this sustained and systemic crisis.

---

big picture: 大局的見地、全体像

address: 取り組む

confront: 直面する

mobilize: 用意する、動員する

malnutrition: 栄養不足

flash: 点滅する
special envoy for the Sahel: 事務総長サヘル特使

governance: 統治

engage: (人を)参加させる
stakeholder: 利害関係者
integrated: 統一的な

sustained: 長引く

スピーチのツボ

❶ マリからサヘル全域へ、聞き手を誘導する

冒頭の Let us also remember the bigger picture. によってサヘル地域全体に目が向くように仕向けています。地域全体の問題の解決が先決であり、全面的なサポートが必要だと語っています。

❷ 国連の活動を具体的な数字とともにアピールする

サポートが必要と言ったうえで、国連の実績を示しています。one billion（10億）、one million（100万）という具体的な数字によって、抱える問題とサポートの規模の大きさを示しています。

❸ 印象に残るような言い方を工夫する

the warning lights continue to flash.（警告灯は点滅したままです）は、とてもイメージしやすいフレーズです。あまり凝ったフレーズを使うと、かえって難しくなり過ぎてしまう場合もありますが、このぐらいのフレーズはむしろわかりやすく、聞き手の印象に残るのではないかと思います。

❹ ゴールを明確に示す

プロディ氏の活動のくだりは、4つの重点項目を示しながら利害関係者も羅列しており、聞き手は消化不要を起こしかねません。The goal: と言って目標を明確に示すことで全体をすっきりまとめようとしています。

訳

パン・ギムン：より大局的な見地も思い起こしましょう。マリで起きていることは、その地域全体に影響をおよぼしています。より広汎な地域に影響を与えている課題に向き合わなければ、マリにおけるさまざまな問題に対処できるとは思えません。サヘル地域の政府やその国民は、私たちの全面的な支援を必要としています。

国連は、被害を受けた人々の差し迫った必要を支援するために10億ドルを超える額を用意していますが、その人々のなかには深刻な栄養不足に陥る危険性のある5歳未満の子どもたちが100万人以上も含まれています。

最近の降雨のおかげで今年の作物の収穫は増える見込みですが、警告灯は点滅したままです。元イタリア首相で「事務総長サヘル特使」であるロマノ・プロディ氏は、4つの重点項目を取り上げています。その4つとは、治安、統治、人道上の要請、そして開発です。

そして彼は今、女性、宗教界およびビジネス界の指導者たち、各地域の部族からの代表者らを含むあらゆる利害関係者を参加させようとしています。その目指すところは、この長期にわたる構造的な危機のすべての局面に対処することのできる統合的な戦略です。

Section 5

危機的な未来は意外に近くに迫ってきている。

Ban Ki-moon: Ladies and gentlemen, here in Davos today we have also been looking beyond crisis to the far horizon, the shape of the world a decade or two from now, the need to provide water, energy, food and health for an expanding human population. ❶That far horizon is actually nearer than we think.

Those supposedly longer-term issues are actually silent crises with us today: the death of children from preventable diseases, the melting of the polar ice caps because of climate change. Our duty is to show solidarity with those today seeking ❸democracy and dignity, and with those tomorrow, our children and theirs, who have a right to inherit a world of stable societies and a secure resource base.

My fervent hope and determination is to rise to these tests, ❸from Syria to the Sahel, ❸from climate change to extreme poverty. ❷Let not our inaction today lead to harsh judgement tomorrow. People and policies are connected like never before.

❹ We must pull together, because we are tied together. ❸From Syria to Mali today, to the foundations for ❸ peace and prosperity tomorrow, ❹that is my call to action to you and to the world at this time.

---

horizon: 地平線

preventable: 予防可能な
disease: 病気
polar: 極地の
ice cap: 氷冠（極地の氷）
solidarity: 連帯

fervent: 熱烈な

inaction: 無為、何もしないこと
harsh: 厳しい

pull together: 協力する

スピーチのツボ

❶ 遠い未来の問題への取り組みを促す

That far horizon is actually nearer than we think. という文章で、地球全体が抱える問題への取り組みの必要性を強調しています。また、それを silent crisis（沈黙の危機⇒潜在的な危機）と呼び、黙って忍び寄るイメージを演出しています。

❷ 心に響くフレーズで盛り上げる

Let not our inaction today lead to harsh judgement tomorrow. という核心を突いたキーフレーズを発信しています。行動しないこと＝厳しい審判、つまり行動せよ、ということを、よく練られた言い回しで訴えています。

❸ 再びリズムを重視する

democracy and dignity（民主主義と尊厳）、peace and prosperity（平和と繁栄）などのリズムに乗る単語や from A to B といった表現を多用しています。序論部分と同様に結論部分では、耳に残るフレーズをリズムよく連発しています。

❹ 団結を呼びかける

We must pull together, because we are tied together. と団結を呼びかけ、最後に that is my call to action... と力強く結んでいます。

訳

バン・ギムン：みなさん、ここダボスで私たちは今日、危機のはるか先の、今から10年、20年先にある世界の姿、拡大し続ける人口のために水、エネルギー、食糧、そして健康を提供する必要性について見てきました。その未来の地平線は、実は私たちが考えているよりも近くに迫っているのです。

長期的なものと思われていたそうした問題は、実際には潜在的な危機として今の私たちとともにあります。予防可能な病気で死んでいく子どもたち、気候変動によって極地の氷雪が溶けつつあることなどはその例です。私たちの責務は、民主主義と尊厳を求めている今日の人たち、そして安定した社会と確実な資源基盤のある世界を受け継ぐ権利を持つ私たちの子どもやその子孫といった未来の人たちとの連帯を示すことです。

私の切なる望みと決意は、シリアからサヘルまで、気候変動から極度の貧困まで、そうした試練に立ち向かうことです。今、私たちが行動しないことで、未来に厳しい審判が下されるようなことがあってはなりません。人と方策は、かつてなかったほど緊密に連動しています。

私たちは力を合わせなければなりません。私たちは互いに強く結ばれているのですから。「今日のシリアとマリから、明日の平和と繁栄の構築へ」ということが、今回、みなさんと世界に行動を呼びかける私の言葉です。

Unit 4 これは使える！スピーチ力増強スキル

> I want to use our time together to <u>highlight</u> two immediate crises facing the international community and the United Nations: the dire situations in Syria and the Sahel.
> (Section 1)
>
> 私たちが一堂に会したこの時間を使って、国際社会と国連が直面しているふたつの差し迫った危機にスポットを当てたいと思います。それはシリアとサヘルにおける悲惨な状況です。

これから話すトピックを冒頭で提示するスキル

highlight は「スポットを当てる、強調する」。スピーチの冒頭に何を話すかをはじめに述べるときの文章で使われます。

スピーチやプレゼンの出だしでは、全体の流れや段取りを示すことで、聞き手に心の準備をしてもらいます。似た表現には、**focus on...**（〜に焦点を当てる）、**stress**（強調する）があります。

- I'd like to **focus on** two things today.
  今日はふたつの点に焦点を当てたいと思います。

- I'm going to **stress** the importance of time management.
  今日は時間管理の重要性に焦点を当ててみます。

スピーチ・プレゼンの全体像を示す表現としては、**cover**（カバーする）、**go over...**（順番に検討する）などのフレーズがあります。

- I'm going to **cover** two points.
  ふたつの点について見ていきたいと思います。

- I'm going to **go over** three important issues.
  3つの重要な問題を検討していきたいと思います。

そして、もっともシンプルでストレートなのは **talk about...**（〜について話す）です。

- I'm **going to talk** about the 2020 Tokyo Olympics.
  2020年東京オリンピックについてお話したいと思います。

> ...two immediate crises: the death spiral in Syria, and the widening turbulence in Mali and the Sahel. <u>Let me take them each in turn.</u> (Section 2)
>
> そのふたつの危機とは、悪循環に陥っているシリア情勢、そしてマリとサヘルにおいて拡大が続く混乱です。それぞれについて順番に話をさせてください。

これから話すトピックの順番を提示するスキル

Let me take them each in turn.（それぞれについて順番に話をさせてください）は、話す順序に関わるフレーズです。in turn は one after another（順番に、次々に）という意味ですから、シリア、マリとサヘル、という順番で話をすることを示しています。

通常スピーチやプレゼンで順番を示すときは、**Firstly, Secondly, …Finally**（一番目に、二番目に、最後に）などのように、これから話すトピックについてひとつずつ示していきます。

・I'm going to talk about three topics today: **first** the EU, **second**, the U.S., and **finally**, Japan.
　今日は3つのトピックスについて話をしたいと思います。まずEU（欧州連合）、次にアメリカ、最後に日本です。

この文はもっと簡単に、

I'm going to talk about three topics today: the EU, the U.S., and Japan.

と言ったうえで、

Let me start with the first topic: the EU.

などとスピーチを始めても構いません。いずれにしても、何をどういう順序で話すのかをはっきり示すことが重要です。

Unit 4 これは使える！ スピーチ力増強スキル

> **Ladies and gentlemen**, the crisis in Mali is deepening.
> (Section 3)
> みなさん、マリの危機は深まりつつあります。
>
> **Let us also** remember the bigger picture.
> (Section 4)
> より大局的な見地も思い起こしましょう。
>
> **Ladies and gentlemen**, here in Davos today we have also been looking beyond crisis to the far horizon, ...
> (Section 5)
> みなさん、ここダボスで私たちは今日、危機のはるか先の〜について見てきました。

次の話題に移るときに役立つ、定番フレーズ

おなじみの **Ladies and gentlemen** です。スピーチの冒頭に聞き手に呼びかける言葉ですが、ここでは次の話題に移るときの合図のように使われています。しかし、単なる合図ではなく、呼びかけによって聞き手の注意を引きつけ、会場との心理的な距離を縮める役割も果たしていると言えそうです。

ここでは move on to...、moving on...、lead to...、go to... など、プレゼンで次の話題に移る定番フレーズを見ておきましょう。

・Let's **move on to** the next topic.
　次の話題に移りましょう。

・**Moving on**, I'd like to look at the second point.
　次に、2番目の点についてです。

・That **leads** me **to** my final point.
　最後のポイントに移りたいと思います。
　[A leads me to B（A の話題が B を導く）という英語らしいフレーズです]

・Let me **go to** the next point.
　次の点に移りたいと思います。

もしミーティングなら、topic や point に加えて agenda や item（議題）なども使うことができます。

> **Let not our inaction today lead to harsh judgement tomorrow.**
> (Section 5)
> 今、私たちが行動しないことで、未来に厳しい審判が下されるようなことがあってはなりません。
>
> **We must pull together, because we are tied together.**
> (Section 5)
> 私たちは力を合わせなければなりません。私たちは互いに強く結ばれているのですから。

決め台詞や短い言葉を終盤に使うスキル

　上に掲げたのは、スピーチ終盤のいわゆる「決め台詞」です。政治家や偉人などの名言はたくさんありますが、拙著『英米リーダーの英語』（共著、コスモピア刊）から、いくつか取り上げてみましょう。

- I say, "come, then, let us go forward together with our united strength".
  こう申し上げたい。「さあ、力を結集し、ともに前進しようではないか」と。
  （同書 p.34: 英チャーチル首相国会演説）

- ... ask not what your country can do for you: ask what you can do for your country.
  国があなたのために何をしてくれるかではなく、あなたが国のために何ができるかを問おうではありませんか。（同書 p.58: 米ケネディ大統領就任演説）

- Britain was once the place where the future was invented. From the railway to the jet engine to the Worldwide Web. We can be that country again.
  イギリスはかつて、鉄道に始まり、ジェットエンジン、そしてインターネットに至るまで、未来が誕生する場所でした。イギリスはもう一度、あのような発明の国になることができるのです。（同書 p.114: 英オズボーン財務相議会演説）

　いかがですか。心を揺さぶる名文句ですね。われわれが話をするときに、このような決め台詞を用意するのは難しいかもしれませんが、故スティーブ・ジョブズの **Stay hungry, stay foolish.**（どん欲であれ、愚直であれ）のように、短い言葉でもインパクトを与えることはできるのです。スピーチやプレゼンをする機会があったら、自分の気持ちを表現するのにインパクトを持たせることはできないか、頭をひねってみる価値はあると思います。

Review

スピーチの基本型にのっとる

　パン事務総長のスピーチは、スピーチライターの原稿をベースにしていると推測されます。フォーマルな場でのスピーチであることもあり、「序論→本論→結論」の基本3部構成となっています。**スピーチやプレゼンの基本の型を学ぶ**のに適した素材です。本スピーチの構成を改めて見てみましょう。

●**序論** (Section 1)
・**テーマを示す**：I want to use our time together to highlight two immediate crises...
・**世界情勢全般に言及する**：Let me start by offering a bit of broad context.

↓

●**本論** (Section 2-4)
・**シリア**：The military confrontation in Syria is...
・**マリ**：Ladies and gentlemen, the crisis in Mali is deepening.
・**サヘル全般**：Let us also remember the bigger picture.

↓

●**結論** (Section 5)
・**地球全体の問題に言及する**：Ladies and gentlemen, here in Davos today...
・**団結・行動を訴える**：We must pull together, because we are tied together.

　序論でスピーチの方向について説明し、本論・結論ではLadies and gentlemenなどとシグナルを送りながら、聞き手が迷子にならないように気を配っています。構成がしっかりしていると、聞き手の頭の中も整理されやすくなります。スピーチの準備をするときは、メインメッセージが決まったら、構成についてしっかり考えましょう。

Unit 5

ムハンマド・ユヌス
Muhammad Yunus
― バングラデシュ ―

Muhammad Yunus

■ **ムハンマド・ユヌス**
Muhammad Yunus

1940年生まれ、バングラデシュの経済学者。グラミン銀行創設者、無担保で少額の資金を貸し出すマイクロクレジットの創始者。1969年ヴァンダービルト大学で経済学の博士号を取得。2006年ノーベル平和賞受賞。利益の最大化に固執し続けるビジネスとは一線を画し、特定の社会問題の解決を追求する「ソーシャル・ビジネス」という概念を提唱。

英語の特徴

　バングラデシュの公用語はベンガル語（Bengali）で、旧植民地イギリスの影響もあり、教育機関で教える英語はイギリス英語が標準です。英語の発音の特徴としては、巻き舌のrなどがあり、話者によっては慣れないと聞き取りにくいこともあります。ユヌス氏の英語は、母語の訛りはそれ程強くないですが、早口で淡々とした語り口なので、聞き取りにくいと感じるかもしれません。重要なポイントについては抑揚をつけ、別の言い方で繰り返し述べているので、ユヌス氏が強調するキーワードをしっかりと聞きとるよう心がけましょう。

　本章で取り上げるテキストは、2012年のダボス会議における米 *Time* magazine誌のRana Foroohar氏によるインタビュー・セッションからの抜粋です。ユヌス氏は、ここで利益ではなく社会的な貢献を追求するソーシャルビジネスの理念について熱く語っています。Foroohar氏はここで、ユヌス氏のアイデアとそれに至った過程について（Section 1～4）、ソーシャル・ビジネスの定義やNGOとのちがいについて（Section 5）聞いています。

Section 1

Track 24

根本的な問題は、金もうけ主義である。

（ソーシャル・ビジネスのアイデアに思い至った経緯について）

Muhammad Yunus: Well, I've been talking about it because of the—all the problems that we see in the economic world right now is emerging for many, many years, but now it came to a kind of peak—all the unemployment, Eurozone problem, financial crisis, energy crisis, food crisis, poverty, and all those.

What I was trying to promote [or] explain [is] that the ❷❸<u>existing mechanism, existing structure,</u> and the concept that we have is not going to deliver the result that we'll somehow get over all these things and a ❸<u>new</u> world will emerge. In order to—❸<u>new</u> world to emerge, we need a ❷<u>new structure, new conceptual framework</u> so that we can get it done.

One of the suggestion[s] I'm making—the basic problem that I see within the ❹<u>system</u> [is] the ❶<u>overwhelming concentration on making money</u>.

Eurozone problem: ユーロ圏問題［危機］（ギリシャなど、財政赤字比率が高い国々によって欧州統一通貨のユーロ (Euro) の信用が低下し、EUやヨーロッパ全体で財政悪化や金融機関の経営危機を招いている問題のこと）

promote: 宣伝する、促進する
deliver: 達成する
get over: 克服する
emerge: 出現する
conceptual: 概念的な
overwhelming: 圧倒的な
concentration: 専念すること、注意の集中

スピーチのツボ！

❶ 筋道を立てて説明する

　本セクションは、ユヌス氏が根底に持つ考え方について答える部分です。企業の行動基準の現状に触れながら「根本的な問題は金儲け主義」と率直に切り込んでいます。①世界経済の問題は頂点に達している→②現在の仕組みでは解決しない→③新たな仕組みが必要→④問題の根源は金もうけ主義、と筋道を立てて説明しています。

❷ existing と new を対比する

　existing structure（既存の構造）と new structure（新しい構造）を対比させ、既存の枠組みでは機能しないことを示そうとしています。existing mechanism（既存の仕組み）、exiting structure に対して、new structure、new conceptual framework（新たな概念的枠組み）と、existing と new を繰り返すことで、新たな枠組みの必要性を強調しています。

❸ existing と new を強めに発音する

　existing は 2 回、new は 4 回連続して使われていますが、話し方においても、existing と new を強めに発音することによって、そのちがいを効果的に際立たせています。

❹ 似た意味の単語を活用する

　「仕組み」を表す似た意味の単語、mechanism、structure、framework、system をうまく使っています。聞き手の脳裏にしっかりとメッセージを焼きつけるために、同じことを別の言い方で繰り返す手法です。

訳

ムハンマド・ユヌス：ええ、そのこと（自分の考え）について私がこれまでずっと話してきたのは、今、私たちが経済の世界で目にしているあらゆる問題はもう何年も前から続いているものの、失業、ユーロ圏問題、金融危機、エネルギー危機、食糧危機、貧困などのどれをとっても、極限のようなところにまで達してしまったからなのです。

　私が広く訴えようと……説明しようとしていたのは、既存の仕組みや構造、今の私たちの考え方では、そうした問題のすべてをどうにか克服し、新しい世界が出現するというような結果には至らないということなのです。新しい世界が出現するには、私たちにはそれを実現するための新しい構造、新たな概念的枠組みが必要なのです。

　私が行っている忠告のひとつは、現在のシステム内に私が認める根本的な問題は、あまりにもお金を稼ぐことにばかり専念しているということです。

Section 2

人間は決して、金もうけの機械などではない。

Track 25

(Section 1 からのつづき)

Muhammad Yunus: ❶Everything that we do in the business world is focused on making money. That's what the indicator [is] that you try to assess how successful we are. In the business world, ❶there's nothing else.

So that kind of squeezed out all kinds of social orientation of human life and human activity. And that's ❷not a tenable situation. And that ❷untenable situation is created by the structure that we have.

So, business doesn't have to be always [be] ❸money-centered, always ❸self-centered, always many times ❸obsessed with money. Because ❹human beings are not always about money. Human beings [are] much bigger than just money-making machine[s]. We are not robots. We are human beings.

indicator: 指標
assess: 評価する

squeeze out: 締め出す
orientation: 姿勢、方向性、関心
tenable: (主張などが) 擁護できる
untenable: 擁護できない、筋の通らない

be obsessed with...: (考えなどが) つきまとう
(be) not always about money: (問題・動機などが) 金がすべてではない

スピーチのツボ

❶ 曇りのないフレーズで言い切る
　ビジネスの世界について Everything... is focused on making money.（すべてがお金）、That's what the indicator...（それがひとつの指標）、... there's nothing else.（ほかには何もない）と、見事なまでによどみのない言葉で言い切っています。

❷ 反対語を効果的に組み合わせる
　ビジネスの世界を not a tenable situation（擁護できない状況）、そして再度 untenable situation（筋の通らないを状況）と形容しています。not tenable = untenable ですが、同じ内容を2度述べることによって、より強い主張となります。

❸ 「ビジネス＝money」の価値観を集中攻撃する
　柔らかい口調ながらも、ビジネスの世界は必ずしも money-centered（お金中心）、self-centered（自己中心）、obsessed with money（お金に取りつかれる）必要はないと畳みかけています。

❹ human beings（人間）の本質に言及する
　... human beings are not always about money. と理由を述べ、人間は money-making machine[s]（お金を稼ぐ機械）よりもっと大きな存在である、としています。そのうえで、We are not robots. We are human beings. と述べ、人間はロボットの対極にあることを短い言葉で端的に示しています。

訳

ムハンマド・ユヌス：ビジネスの世界で私たちがしていることのすべては、お金を稼ぐことに焦点が合っています。それが成功の度合いを測ろうとするときのひとつの指標なのです。ビジネスの世界には、それしかありません。

　したがって、それによって人間としての生活や活動が持つあらゆる社会性といったものが締め出されてしまっているのです。それはとても擁護できる状況ではありません。そして、そのような筋の通らない状況は、私たちが今、維持している構造によって生み出されているのです。

　ビジネスでは必ずしも利益中心であったり、いつも自己中心的であったり、お金を稼ぐことばかり考えている必要はないのです。なぜなら、人間はお金がすべてではないからです。人間は、単なるお金を稼ぐ機械ではなく、もっと大きな存在なのです。私たちはロボットではないのです。私たちは人間なのです。

Section 3
ソーシャル・ビジネスの本質は、その問題解決にあります。

(Section 2 からのつづき)

Muhammad Yunus: We ❶take care of ourselves individually. At the same time, we ❶take care of everybody else. We ❶take care of the planet itself. And [the] business world doesn't have that orientation. So… at the moment. We can do that.

We can create a different kind of business which is not ❷money-centered, which is ❷solution-centered. Which is a business, but is a business to solve problems in a sustainable way so that the money can remain within the system and continue. ❸I'm calling it "social business."

Social business is about solution[s] of the problems. And it runs as a business, but the profit stays with the company. ❹No dividend. So it's a ❹non-loss, ❹non-dividend company to solve social problems.

take care of...: 〜の面倒を見る

solution:（問題）解決
sustainable: 持続可能な

dividend:（出資者への）配当（金）

スピーチのツボ

❶ 「個人→人々→地球」の流れを作る

take care of を繰り返し使って individual（個人）→ everybody else（ほかの人たち）→ the planet itself（地球そのもの）と話を展開させ、すべての人・物を含むことが聞き手の印象に残るように工夫しています。

❷ which をうまく活用する

a different kind of business を which でつなぎ、money-centered（利益が中心の）ではなく solution-centered（問題解決が中心の）であると言っています。続いて、Which is a business, but is a business... (ビジネスではあるけれども、～のようなビジネスなのです) と続けています。この which は「ビジネス」を指しています。しかも現状のビジネスとそうでないビジネスを対比しながら、ビジネスとの関連性を持たせています。

❸ 答えを隠しながら説明する

いきなり Social business is... とは言わずに、その種明かしをしたうえで I'm calling it "social business." と、答えを出しています。聞き手に「何だろう」と思わせながら興味を惹きつける手法です。

❹ リズムよく繰り返す

冒頭で take care of...（～の面倒を見る）の文章を3回続けています。また最後のふたつの文章も、no dividend、non-loss、non-dividend company...（配当のない企業）と、no + non- + non- が連続して使われています。リズムよく繰り返すことで、考えを聞き手の脳裏にしっかり刻み込もうとしています。

訳

ムハンマド・ユヌス：私たちは自分の面倒は自分で見ますが、それと同時に、ほかの人たちの面倒も見たりします。私たちはこの地球そのものの面倒も見ています。ビジネスの世界には、そのような姿勢がありません。現時点では。私たちにはそれができるのです。

　私たちは別の種類のビジネスを創り出すことができるのです。それは利益が目的ではありません。それは問題解決に焦点を当てるものです。それはビジネスでありながら、持続可能な方法で問題を解決することを目的にするので、利益がそのシステム内にとどまることができ、それが継続するのです。私はそれを「ソーシャル・ビジネス」と呼んでいます。

　ソーシャル・ビジネスは、さまざまな問題を解決するためのものです。それはひとつの事業として運営されますが、利益は企業内にとどまります。出資者への配当はありません。ですから、それは社会問題を解決する、損失もなく、配当もない企業なのです。

Section 4

若者たちの力を活用して、社会に変化をもたらそう！

(Section 3 からのつづき)

Muhammad Yunus: And young people like it because young people don't want to inherit this ❶creaky, ❶sick structure. It's a ❶crumbling structure. ❶That's not a good start for young people. They want to build their own. And ❷that's where young people come in[into] the picture.

And they're a very powerful generation. They're the most powerful generation [we've] ever had in the human history, because of the technology in their command. A 7-year-old has much more technological power than a 60-year-old today. ❸Right now.

Uh, so that's the power he or she grows with in enormous speed, enormous way to do things. And he wants to do things for the world. And ❹let's use that power to make that change. So ❸this is the time to adjust the situation.

---

inherit: 引き継ぐ

creaky: 時代遅れの

sick: 不健全な

crumbling: 崩れかけている

come in[into] the picture: 登場する

in[at] one's command: 自由に駆使できて

enormous: とてつもない

adjust: 調整する、直す

スピーチのツボ

❶ 自分の考えをストレートに表現する

　Young people like it（it は social business）と言って、現状の枠組みを creaky（時代遅れの）、sick（不健全な）、crumbling（崩れかけている）と形容します。そのうえで、That's not a good start for young people. と言っています。I think... とか That may be...（〜かもしれない）などのような柔らかい言い回しではなく、事実として言い切っています。

❷ 若者の出番を強調する

　現状のシステムを否定し、that's where young people come in[into] the picture. と述べています。状況を説明したうえで若者の必要性に言及すると、非常に説得力があります。

❸ 行動を起こすのは今だと強調する

　7歳児は60歳の人よりも技術力を持っている、と述べ、Right now.（現時点では！）と言っています。また最後に this is the time to adjust the situation. と繰り返しています。やるのは今だ、というタイミングを示しています。

❹ キーフレーズはゆっくり、しっかり話す

　ユヌス氏は全体的に早口で淡々とした話し方ですが、let's use that power to make a change. は、多少スピードを緩め、しっかりと語っています。速さや抑揚に変化をつけることでキーフレーズを引き立てています。

訳

ムハンマド・ユヌス：若者たちがそれ（この考え）を気に入っている理由は、彼らがこの時代遅れで型にはまった仕組みを引き継ぎたくないと思っているからです。それは崩壊しかかっている仕組みなのです。それは若者たちの出発点として望ましいものではありません。彼らは自分たち独自のものを築き上げたいのです。その時こそ彼らの出番なのです。

　それに、彼らは非常に大きな力を持った世代でもあります。彼らは人類史上かつてなかったほどの力を備えている世代で、それは彼らがテクノロジーを自由に駆使できるからです。7歳児のほうが、今の60代の人よりもずっとテクノロジーを使いこなす能力を持っています。現時点の話ですが。

　若者たちはそのような力とともに育ち、ものごとをとてつもないスピードとさまざまな方法で行えるのです。そして彼らは世の中のために何かしたいと思っています。その力を使って変化を起こそうではありませんか。今こそ状況を正すべきときなのです。

Section 5
ソーシャル・ビジネスは、利益をすべて問題解決に使う。

(NGOとソーシャルビジネスのちがいについて聞かれて)

Muhammad Yunus: Well, NGO by definition is a not-for-profit enterprise. When we talk about social enterprise, it's enterprise which also ❶makes money, dividends, and so on. It's only [in] addition to its social goals, so we have no quarrel with any of these concepts.

But we are trying to position a different piece of concept. This is a concept where it's ❷a non-dividend company. ❸That's the distinction between social enterprise and social business.

Social enterprise can provide dividend to their owners. There's no bar to it. But within social business, ❸there's [an] absolute bar ❹This is totally 100% focused on solving problems.

---

enterprise: 企業、事業(体)

have no quarrel with...: 〜に対して文句はない

position: 位置づける、提示する

distinction: 区別、ちがい

bar: 障害、制限

スピーチのツボ

❶ ソーシャル・エンタープライズは利益配当が可能だと明示する

social enterprise（ソーシャル・エンタープライズ、社会的企業）は、make money, dividends（利益や配当を生み出す）として、利益の配当が可能なことを明確に述べています。

❷ 次にソーシャル・ビジネスが異なる点を述べる

続いて、social business（ソーシャル・ビジネス）は、ソーシャル・エンタープライズとは違って、non-dividend company（配当しない会社）とという定義づけをしています。

❸ That's the distinction 以下で、くだいて説明する

social enterprise は利益を配当できるが、social business は利益をすべて再投資に回すという点で there's an absolute bar（絶対的な制限がある）、そして、totally 100% focused on solving problems（問題解決に100パーセント完全に焦点を当てている）とわかりやすく語っています。

❹ ちょっとした間を置くことで、アクセントを付ける

最後の This is totally 100% focused on solving problems. の文は、This is の後にちょっとした間があります。間を置くことによって続く言葉が自然に強調されます。さらに次に続く totally 100% を、ゆっくり力を込めて語っているので効果倍増です。

訳

ムハンマド・ユヌス：NGOとは、その定義によれば、利潤の追求を目的としない事業体です。私たちがソーシャル・エンタープライズ（社会的企業）について話す場合、それは利益や配当などを生み出すこともある事業体を意味します。それ（利益や配当）はその社会的な目標に追加されているだけなので、私たちはこの考え方のどこにも異存はありません。

しかし、私たちはまた別の考え方を提案しようとしています。これは出資者に配当をしない企業という考え方です。それこそが、ソーシャル・エンタープライズとソーシャル・ビジネスとのちがいなのです。

ソーシャル・エンタープライズは出資者に配当をすることができます。それを妨げるものは何もありません。しかし、ソーシャル・ビジネスにおいては絶対的な制限があります。それは問題解決に100パーセント完全に焦点を当てているのです。

Unit 5 これは使える！スピーチ力増強スキル

> <u>What I was trying to promote [or] explain [is] that</u> the existing mechanism, existing structure, and the concept that we have is not going to deliver the result that we'll somehow get over all these things and a new world will emerge. (Section 1)
>
> 私が広く訴えようと……説明しようとしていたのは、既存の仕組みや構造、今の私たちの考え方では、そうした問題のすべてをどうにか克服し、新しい世界が出現するというような結果には至らないということなのです。

強調構文を使って、インパクトを出す

　What A is B（A をしているのは B です）という形は、B の部分を強調するときに効果的な構文です。I was trying to promote or explain that...（〜を推進し説明しようとした）という文章を What I was trying to promote or explain is that...（私が推進し説明しようとしたのは〜です）とすることで、that 以下の推進する内容を強調する効果があります。

　この形によって、普通の文章を強調する文章にすることができます。例えば、We focus on social business in Bangladesh.（バングラデシュにおけるソーシャル・ビジネスに力を入れています。）という普通の文を、下記のように変えることができます。

- **What we are focusing on is** social business in Bangladesh.
  いま力をいれているのはバングラデシュにおけるソーシャル・ビジネスです。

- **What we are concerned is** geopolitical risk in the Middle East.
  心配なのは（懸念材料は）、中東における地政学的リスクです。

　こうすることによって focus しているもの、concern しているものを強調することができます。

> Social business is about solution[s] of the problems. And it runs as a business, but the profit stays with the company. No dividend. (Section 3)
>
> ソーシャル・ビジネスは、さまざまな問題を解決するためのものです。それはひとつの事業として運営されますが、利益は企業内にとどまります。出資者への配当はありません。

物事を本質を言うときに便利な、A is about B

A is about B（Aの本質はBである、AはつまりBということである）は、何かの本質やポイントを述べるときに使える簡潔な表現です。上記の例文では、ソーシャルビジネスは solution[s] of the problems であるとストレートに表現しています。Section 2 では、human beings are not always about money.（人間はお金がすべてではないからです）のように、すべての人間の目的が money であることを部分否定していますね。

・**The tea ceremony is about** hospitality.
　茶の湯の本質は、おもてなしです。

類似表現に、A is all about B（〜にほかならない）があります。「要するに・ひと言でいえば〜である」ということですが、A is about B に比べて「突き詰めると〜である」というニュアンスが強くなります。

・We are in a weaker position than our competitor, but **it's all about** how you negotiate.
　競合相手よりも弱い立場にあります。しかし、どう交渉するかがすべてです。

・There are several factors. But in the end, **it's all about** money.
　いくつか要因があります。しかし、最終的にはお金がすべてです。

Unit 5 これは使える! スピーチ力増強スキル

> That's not a good start for young people. They want to build their own. And <u>that's where</u> young people come in[into] the picture.　　　　　　　　　(Section 4)
>
> それは若者たちの出発点として望ましいものではありません。彼らは自分たち独自のものを築き上げたいのです。その時こそ彼らの出番なのです。

行動する機会を強調するときの、That's where...

That's where...「〜するのはその場所です」というフレーズです。状況をひと通り述べた後に、その場所や機会を強調するときに使われます。

- You can see the Imperial Palace on your left. **That's where** the French president is scheduled to meet the Emperor today.
  左手に見えるのが皇居です。今日ここでフランスの大統領が天皇に会うことになっています。

- The volume will soon be too large to take care of manually. **That's where** our technology comes into play.
  量が増えてそのうち手作業では処理できなくなるでしょう。われわれの技術が必要になるのはそのときです。[come into play 必要となる、作用し始める]

where のほかに why、what、how なども使えます。

- There may be a chance to work abroad. **That's why** I applied for this job.
  海外で働くチャンスがありそうです。ですから、この仕事に応募しました。

- **That's not what** I'm talking about. I'm talking about something more substantial.
  そういうことを言っているのではありません。もっと本質的なことを言っているのです。

- We exchanged ideas over a beer in a pub. **That's how** the new product was born.
  パブでビールを飲みながらお互い知恵を絞りました。そうやってこの新製品は生まれたのです。

> But we are trying to position a different piece of concept. This is a concept where it's a non-dividend company. <u>That's the distinction between social enterprise and social business.</u> (Section 5)
>
> しかし、私たちはまた別の考え方を提案しようとしています。これは出資者に配当をしない企業という考え方です。それこそが、ソーシャル・エンタープライズとソーシャル・ビジネスとのちがいなのです。。

「それこそが～」と強調するときの、That's...

That's... は、「それが～なのです」という強調文をつくるフレーズです。上記の例文は、前ページの That's where young people come in[into] the picture. と同様の用法で、ここでは説明文を述べた後で distinction (定義) を述べることによって「ちがい」を浮き彫りにしています。Section 4 の so that's the power he or she grows with... も同様の手法です。下記に例を挙げます。

・Give and take—**that's** the secret of a long-term relationship in business.
　持ちつ持たれつ、これこそがビジネスの長期にわたる関係の秘訣です。

The secret of a long-term relationship in business is... と言うよりはドラマチックに聞こえますね。以下の文章も同様です。

・**That's** the common goal that we want to achieve.
　それこそが、両者が到達したい共通の目標です。

こんな会話でも使われます。

A: Shall we go to a Japanese restaurant? How about tempura?
　日本食レストランに行きましょうか。天ぷらはどうですか。

B: Great idea. In fact, **that's** exactly the food I wanted to try in Japan.
　いいですね。実はてんぷらは、まさに日本で試してみたかった食べ物なんです。

相手の提案が自分の意向と一致したときにピッタリなフレーズですね。

Review

同じ主張を違う言い方で繰り返す

　ユヌス氏は、全体的として大きな強弱・抑揚の変化も抑え目で流れるように語っているので、重要な点を聞き逃してしまいそうですが、言いたいことは聞き手にしっかり伝わってきます。その理由は何でしょうか。それは**重要な点については、同じキーワードを使いながら、ちがう言い方で何度も繰り返し述べているから**です。Section 1の後半〜Section 2の流れを見ていきましょう。

●**根底にある問題点は利益至上主義**（Section 1）
the basic problem... the overwhelming concentration on making money

↓

●**現状のビジネスは金儲けがすべて**（Section 2）
Everything that we do... is focused on making money.

↓

●**ビジネスは金儲けがすべてではない**（Section 2）
... business doesn't have to be always [be] money-centered, always self-centered... always many times obsessed with money.

↓

●**人間はお金を作る機械ではない**（Section 2）
... human beings are not always about money. Human beings [are] much bigger than just money-making machine[s].

　このようにmoney、making moneyなどのキーワードを繰り返しながら、ちがう言い方で「金儲けがすべてではない」という主張を展開しています。スクリプトにして読み直してみると、ちょっとしつこいと感じないこともありません。しかし、実際の発言を聞く立場になってみれば、聞き逃してもセカンドチャンスが巡ってくるので、全体としてスピーカーの言いたいことはよくわかったと感じる可能性が高くなるのです。

Unit 6

ビノッド・コースラ

Vinod Khosla

— インド —

Vinod Khosla

■ ビノッド・コースラ
Vinod Khosla

1955 年インド生まれ。ベンチャーキャピタリスト。米サン・マイクロシステムズ社の共同設立者のひとり、インドのビジネス新聞 *Economic Times* の編集者。

1979 年にスタンフォード大学を卒業。1982 年サン・マイクロシステムズ社を設立。1986 年クライナー・パーキンス・コーフィールド・アンド・バイヤーズ社のゼネラルパートナーに就任。2004 年自身のベンチャーキャピタルである Khosla Ventures を設立。以後、ベンチャーキャピタリストとして数々の企業の設立を支援。

英語の特徴

インドは多言語国家であり、約 2 億 5000 人の話者がいるとされるヒンディー語を筆頭に、30 近くの言語があると言われています。イギリスの旧植民地として英語は公用語となっており、インテリ層には英語を流暢に話す人が多く見られます。一般的に、インドの英語は音声では r を強く発音するなどの傾向がありますが（例: start スタルト）、コースラ氏は米国生活が長いせいか、インドなまりはそれほど強くありません。

本章のテキストは 2011 年に Academy of Achievement 主催で開かれた講演会のときのスピーチ（Section 1-3）とそれに続く Q&A（Section 4-5）の一部です。Section 4 は会社に投資するときの判断基準、Section 5 はテクノロジーの今後の進化についての質問に対する答えです。

コースラ氏は、自分の人生を振り返りながら、自分のベンチャービジネスに関する哲学をたっぷり披露しています。スピーチのさまざまなスキルが盛り込まれています。また、強調する箇所の間の置き方が非常に上手です。内容（content）と伝え方（delivery）の両方の側面からノウハウをしっかり吸収しましょう。

©Academy of Achievement
http://www.achievement.org/

courtesy of Corporate Valley
http://www.corporatevalley.com/

Section 1

起業に必要なのは、世界を変えたいという欲求である。

Vinod Khosla: In 1976, when I graduated from college in India, from the Indian Institute of Technology in New Delhi, I tried to start a company in New Delhi, a technology company in New Delhi, which was ❶<u>next to impossible</u>. ❶<u>But I didn't give up</u>.

I just said I'll come to the States, and I started to move towards Silicon Valley, because ❷<u>I had a single purpose</u>. And I couldn't get there directly. I got Carnegie Mellon to pay for me to go to Carnegie Mellon for a master's program, and then I got Stanford to accept me after that, and that led me to the Valley. And I was still in college, in my MBA program at Stanford, when I started my first company, called Daisy.

But the thing about entrepreneurship is it's not about business, it's not about investing—it's about having ❸<u>a desire to make a difference</u>. Most good companies, and I suggest you look at every one of them, are built from ❹<u>passion for a vision</u>. ❹<u>You have a vision</u>.

next to impossible: ほとんど不可能な

the States: アメリカ合衆国
Silicon Valley: シリコンバレー（米国カリフォルニア州にあるハイテク産業の密集地域）

the thing about ...: 〜で大事なこと
entrepreneurship: 起業

vision: ビジョン、洞察力

スピーチのツボ

❶「難しい→でもやってみる」と肯定する

卒業と同時にデリーで起業したことについて next to impossible（不可能に近い）としたうえで、But I didn't give up.（あきらめなかった）と力強く語っています。

❷ single purpose が何かはすぐには明かさない

シリコンバレーにいった理由を I had a single purpose. と語るだけで、すぐに種明かしはしていません。しかも、I couldn't get there directly. と、紆余曲折があったと語っています。ストーリーを語るときに聞き手の興味を引きつけておくスキルのひとつです。

❸ single purpose の答えを出す

起業の本質について、business（実務）や investing（投資）ではなく、a desire to make a difference（変化をもたらしたいという強い欲求）と言っています。single purpose の答えを言っているわけではありませんが、自分の根底にある考え方を明確に示しています。

❹ 簡単な文を使ってキーワードを繰り返す

優れた企業には passion for a vision（ビジョンを実現したいという熱意）があるとしたうえで、You have a vision. と繰り返しています。簡単な文を使ってキーワードをしっかり伝えるスキルと言えるでしょう。同じことを別の言い方で繰り返す手法です。

訳

ビノッド・コースラ：私は、インドにある大学、インド工科大学デリー校を卒業した1976年に、ニューデリーで会社を設立しようとしました。ニューデリーでテクノロジー企業を作るなど、不可能に近いことでした。しかし、私はあきらめませんでした。

アメリカに行くと宣言してシリコンバレーへ向かうことにしたのです。というのは、私にはひとつの目的があったからです。ただし、私はそこへまっすぐに行けたわけではありませんでした。私は、カーネギーメロン大学からの奨学金を受けてその大学の修士課程で学び、そのあとでスタンフォード大学に入学し、そこからシリコンバレーにたどり着いたのです。そして、私がまだ大学在学中に、スタンフォード大学のMBAコースにいるときに、デイジーという名の、私の最初の会社を設立したのです。

しかし、起業するときに大事なことは……それは実務のことでもなければ投資のことでもなく、変化をもたらしたいという強い欲求を持っていることなのです。優れた企業のほとんどが――みなさんにはそうした企業をひとつずつよく見てほしいのですが――あるビジョンを実現したいという熱意から生まれているのです。みなさんもビジョンを持っていることでしょう。

Section 2

投資家であるよりもむしろ、助言者でありたい。

Vinod Khosla: ❶<u>I've always treated work as a hobby</u>. ❶<u>It's always been fun</u>. I've been very fortunate that, after Sun, I decided I was actually going to do something different. ❷<u>Venture capital was the furthest thing from my mind</u>. I admire people like Mile and others who get to design fun stuff. I actually thought I'd probably end up in something like that rather than in technology.

But something else sort of crossed my path, which was the notion of coaching and mentoring. And today, what I do, even though it's called a venture capitalist, I have often been quoted in the press as saying, "❸<u>I don't want to be considered a venture capitalist. I'm a venture assistant</u>."

❹<u>I'm a coach and a mentor for entrepreneurs</u>. I'm a coach and a mentor for ❹<u>anybody who wants to change something</u>. And that's always been very important for me. So that's been driving my life for the last few years.

---

venture capital: ベンチャー投資会社
admire: 〜を尊敬する
end up in...: （結局）〜となる

cross one's path: 突然目の前に現れる
notion of -ing: 〜をしたい気持ち
mentoring: （経験者が若手に）助言すること
quote: （言葉を）引用する
press: 報道記事、報道機関
entrepreneur: 起業家
mentor: 助言者

スピーチのツボ

❶ 仕事に向かう気持ちを率直に語る

I've always treated work as a hobby. に続けて、It's always been fun. と言い切っています。仕事は楽しいと感じていることをストレートかつポジティブに語ることにより、聞き手は、どういう点が楽しいのだろうか、と思って話に集中するでしょう。

❷ 驚くコメントで注意を引く

Venture capital was the furthest thing from my mind. と言って会場を驚かせています。聞き手が驚く発言をして注意を集める shocking statement という手法です。

❸ 否定⇒肯定の順で聞き手に印象づける

And today（そして今）のところで一拍置きながら、I don't want to be... の文章で、venture capitalist（ベンチャーキャピタリスト）ではなく venture assistant（ベンチャーアシスタント）だと言っています。capitalist と assistant を並べることによって、assistant が強調されます。

❹ 語句についての自分の解釈を加える

I'm a coach and a mentor for entrepreneurs. と言ったうえで、entrepreneurs を anybody who wants to change something（何かを変えたいと思うすべての人）と言い直しています。起業家とは何か、という自分なりの考え方をさり気なく示しています。

訳

ビノッド・コースラ：私はいつも仕事をひとつの趣味として捉えていました。仕事は常に楽しいものでした。私はとても運がよかったのですが、サン（・マイクロシステムズ社）のあとで、何かそれまでとちがうことを実際にやってみようと決心したのです。ベンチャー投資会社などは、私の念頭にまったくなかったことでした。私は面白いデザインができるマイルのような人たちを尊敬しています。私も実際に……たぶんテクノロジーよりも、そのようなものに行き着いていたかもしれません。

ところが、別のことがふと頭に浮かんだのですが、それは指導や助言（コーチング）をしてみたいという気持ちでした。そして今、私のしていることは、ベンチャーキャピタリストと呼ばれていますが、報道記事には次のような私の言葉がよく引用されています。それは「私はベンチャーキャピタリストとは思われたくありません。私はベンチャーアシスタントなのです」というものです。

私は起業家のための指南役であり助言者なのです。私は、何かを変えたいと思うすべての人たちのコーチであり助言者なのです。そして、そのことがいつも私にとってとても重要なことでした。それがここ数年、私の生き方を突き動かしてきたのです。

Section 3
これからは知識集約型経済が主流の時代になる！

Vinod Khosla: I think all of you will ❶live in an extraordinary time. There's some very simple things happening from a business point of view, and I don't believe business is as important as people make it out to be.

But what we hear about the new economy is a ❶fundamental transformation of our society. ❷A 100 years ago, I like to say, agriculture was the bulk of employment in this country. It still is today in my home country, India. More than 50 percent of the people work there. Twenty or 30 years ago, the Industrial Age, manufacturing was the bulk of employment in this country. More than 50 percent.

❸ All this is changing, where there's a new ❸knowledge-based economy. And I see, 30 to 50 years from now, ❹almost all goods being free. I wonder what the concept of money will mean when the production cost of everything is so low that the concept of wealth doesn't mean anything.

extraordinary: 特別な、類まれな

make A out to be...: Aを〜だと理解する

fundamental: 根本的な
transformation: 変化、変質
bulk: 大部分

manufacturing: 製造業

knowledge-based: 知識集約型の

スピーチのツボ

❶ 変革期の訪れをキーワードで導く

これからの時代の変化を、live in an extraordinary time（特別な時代を生きる）、fundamental transformation of our society（私たちの社会の根本的な変化）といったキーワードで方向性を示しています。

❷ 数字や事実を挙げて具体例を示す

インドの過去100年間における主要産業の変遷について述べています。具体例を出し、数字や事実を示しながらわかりやすく説明していくことで、聞き手に現状についてインプットしています。

❸ 短い一言に未来を集約させる

インドの例を示したうえで、All this is changing と簡潔に今後の姿を示します。All の前で一拍置き、All を強く読むことによってすべてが変わることを印象付けたうえで、その答えが knowledge-based economy（知的集約型経済）だと言い切っています。

❹ 再び shocking statement で度肝を抜く

almost all goods being free（ほとんどすべての商品がただ同然になる）の almost all に力を込め、お金という概念はどんな意味を持つのか、と畳みかけます。「特別な時代」「根本的な変化」に対する考えを力強く述べています。

訳

ビノッド・コースラ：みなさんの誰もが、これから特別な時代を生きていくことになると思います。ビジネスの観点からすると非常に単純なことがいくつか起こりつつありますが、私は、ビジネスは人が考えているほど重要だとは思っていません。

しかし、私たちが新しい経済について耳にすることは、私たちの社会の根本的な変化です。私が指摘したいのは、100年前、農業がこの国の雇用の大部分を占めていたことです。私の祖国であるインドでは今もそうです。国民の50パーセント以上が農業に従事しています。20年から30年前の産業化時代には、製造業がこの国の雇用の大部分を占めていました。それは50パーセントを超えていました。

これがすっかり変わろうとしています。そこには、新たに知識集約型経済が生まれているのです。今から30年後、50年後には、ほとんどすべての商品がただ同然になると思います。あらゆるものの生産コストが大幅に下がって富という概念が何の意味も持たなくなるとき、お金という概念はどのようなことを意味するようになるのでしょうか。

Section 4

Track 32

出資の基準は、ビジネス的な価値提案があるかどうか。

Vinod Khosla: What do I look for [in] a business? ❶You might find it surprising that, unlike most investors, I haven't looked at the financials of a business in ten years. ❶I don't care about the financials.

❷So what matters? What matters more than anything else is the people. The team, how good they are. ❸It doesn't mean experience, it ❸doesn't mean having run a company before. It just means how good they are. There's many, many definitions of "good". Sometimes it's just how interesting they are. ❸That's most important.

The second most important thing to me is that what they propose to do really makes a difference—adds some ❹value. There's a true societal and business ❹value proposition. There's a ❹contribution. I find—and I don't do this for reasons other than the fact that you can't long-term build a viable business without making a real contribution.

Most people look at they can start a business, do an IPO, make some money. Almost always that leads to businesses that are round trips—what I call they go up and go down. To build a durable business you really have to focus on the value proposition.

financials: 財務状況、財政統計

definition: 定義

proposition: 提案
contribution: 貢献

viable: 成長しうる

IPO: 未公開株式の新規公開（= initial public offering）

durable: 長続きする

スピーチのツボ！

❶ 財政面での理由をきっぱりと否定する

You might find it surprising... と聞き手の反応を予想しながら、財務数値を重視してこなかったとし、I don't care about the financials. と強い言葉で語ります。自分の信念を明確に簡潔に伝えています。

❷ いったん、会場に疑問を投げかける

I don't care about the financials. I care about the people. とそのまま続けても十分なところですが、いったん So what matters? と問いかけて会場を巻き込んでいます。そのうえでWhat matters more than anything elseとクライマックスを演出し the people という答えを出しています。

❸ ただそれだけだ、とくり返し語る

It doesn't mean... を２回続け、It just means... Sometimes it's just... と語っています。just（～だけ）という単語を２度使って、それだけあればいいという気持ちを伝え、最後に That's most important. と締めています。

❹ 付加価値の重要性をさまざまな形で示す

２点目については value（価値）、value proposition（価値提案）、contribution（貢献）といったキーワードを随所に盛り込みながら、長続きする会社を作るには、顧客から見た付加価値の創造が欠かせないことをじっくり語っています。

訳

ビノッド・コースラ：私が（出資する）企業に何を求めているのかって？　大方の投資家とは違って、私がこの10年間、財政数値を重視してこなかったと聞くと、みなさんは意外に思うかもしれません。私は財政的なことはどうでもいいのです。

では、何が大事なのでしょうか。何よりも大事なものは人であり、チームであり、その人たちがどれだけすばらしいかということです。それは経験があるとか、以前に会社を経営したことがあるとかいう意味ではありません。単に、その人たちがどれくらいすばらしいかということです。「すばらしい」という言葉の定義はたくさんあります。時には、単に、その人たちがどれくらい面白いかということだったりします。それがもっとも重要です。

私にとって２番目に大事なことは、その人たちが行いたいと提案していることが本当に変化をもたらすかどうかです。付加価値をつけるかどうか、本物の社会的、ビジネス的な価値提案があるかどうか、貢献があるかどうかということです。私が気づき、私がそうしている理由は、本物の貢献をすることなしに、成長しうるビジネスを長期的に築くことはできないという事実にほかなりません。

たいていの人は、会社を設立し、株式を公開し、利益を出すことに目を向けます。それは、ほとんどいつも、往復旅行の（行ったり来たりの）、私に言わせれば「浮き沈みのある会社」に行き着いてしまいます。長続きする会社を作るためには、価値提案ということに焦点を当てる必要があります。

Section 5

インターネット社会は、国民国家という概念を超える！

Vinod Khosla: If you think about how the world is organized today and how our society's organized, it came to be, quite incidentally, because of the ❶communication channels we had many, many years ago.

What were our important communication channels? They were rivers, mountain passes, ports. So we have cities, we have states, we have countries all organized around the communication channel that was the relevant communication channel 500 years ago.

❷ The Internet is a new communication channel. How will it reorganize society? ❸My 12-year-old daughter reminded me that already there's a site where the only language you can speak—a website on the Internet—is Klingon. The Internet will allow for a different organization.

I wonder whether the notion of nation-states is important. That's just another way. ❹I can think of six other ways that all lives will be impacted and why technology will become a driver of society. Let me stop there. Thank you very much!

---

incidentally: 偶然に、ところで

mountain pass: 山道

relevant: 適切な、妥当な

remind: 気づかせる

Klingon: クリンゴン語（SFドラマ『スタートレック』に登場する宇宙人、クリンゴン人が話す架空の言語）
notion: 概念
nation-state: 国民国家、民族国家

スピーチのツボ!

❶ まずはこれまでの経緯を語る

一段落目は、結論を先に述べるわけでもなく、ショッキングなコメントをするわけでもなく、これまでの communication channels について語っています。語り方に変化をつける工夫が見られます。

❷ 経緯を語ったうえで結論から入る

これまで世界が組織化されてきた経緯を述べたうえで、The Internet is a new communication channel. と切り込みます。機が熟したところで次の展開に持っていく手法です。

❸ 具体例を出して説得力を持たせる

インターネットは新しいコミュニケーション経路である、という主張を裏付けるために、娘の話を持ち出しています。自分の個人的な体験ほど説得力があるものはありません。

❹ 数字をうまく使う

国民国家の概念に疑問を投げかけ、それはひとつの組織化の方法に過ぎない、とした上で、I can think of six other ways と言っています。6という数字を出すことで、その中身は明かさなくとも、たくさんあることを示すことができます。

訳

ビノッド・コースラ：今日、世界がどのように組織化され、私たちの社会がどのように組織化されているのかを考えてみるならば、それは私たちがずいぶん昔に持っていたコミュニケーション経路のせいで偶然に生じたのです。

私たちにとって何が重要なコミュニケーション手段だったでしょうか。それは河川であったり、山道であったり、港であったりしました。したがって、都市や州、国などはすべて500年前に適切だったコミュニケーション経路に沿って組織されました。

インターネットは新しいコミュニケーション経路です。それはどのように社会を再編成することができるでしょうか。私の12歳になる娘が教えてくれたのですが、クリンゴン語しか使うことができないサイト……インターネット上のウェブサイトがすでにあるのです。インターネットによって、また異なった組織が生まれる可能性があります。

国民国家という概念は、はたして重要なのでしょうか。それは単にひとつの（組織化の）方法でしかありません。私はあらゆる生活が影響を受ける6つの方法と、テクノロジーが社会を動かす力になる理由を思い描けます。私の話はここで終わりにさせてください。ご清聴をいただき大変ありがとうございました。

Unit 6 これは使える！スピーチ力増強スキル

> But the thing about entrepreneurship is <u>it's not about</u> business, <u>it's not about</u> investing—<u>it's about</u> having a desire to make a difference. (Section 1)
>
> しかし、起業するときに大事なことは……、それは実務のことでもなければ投資のことでもなく、変化をもたらしたいという強い欲求を持っていることなのです。

疑似否定を使って、ふたつの効果をねらう

It's not about A, it's not about B, (but) it's about C. という型のことを、**疑似否定**と言います。この型の文はふたつの効果を狙っています。まず「AやBなど、ほかのものに比べてCはとても重要である」ということで、Cの重要性を際立たせることができます。また、表面的にはAやBを否定しているかのように見えて、AやBも実はそれなりに重要であることを暗に示す。上記の例文に当てはめてみると、下記のようになります。

- ①実務や投資よりも変化をもたらしたいという強い欲求の方がずっと重要
- ②実務や投資も実はそれなりに重要

①と②は一見矛盾するようですが、②はあくまで言外に含みを持たせるという位置づけなので問題ありません。アメリカの歴代大統領もよくこの手法を使っています。スピーチやプレゼンの文を練るときに頭の片隅に入れておきたいですね。

Tonight, we gather to affirm the greatness of our nation **not because** of the height of our skyscrapers, or the power of our military, or the size of our economy; our pride **is based on** a very simple premise, summed up in a declaration made over two hundred years ago.

(2004年7月27日、民主党大会、バラック・オバマ)

上記の文では、国の偉大さを確認するために集まった理由として、「摩天楼の高さ、軍隊の強さ、経済の規模ではなく、われわれの誇りは200年以上も前の（独立）宣言にある」と語っています。独立宣言を誇りとしながらも、ほかの3つについても当然誇るべきものだと暗にほのめかしているのです。

> **Venture capital was the furthest thing from my mind.**
> (Section 2)
> ベンチャー投資会社などは、私の念頭にまったくなかったことでした。
>
> **And I see, 30 to 50 years from now, almost all goods being free.** (Section 3)
> 今から30年後、50年後には、ほとんどすべての商品がただ同然になると思います。
>
> **I don't care about the financials.** (Section 4)
> 私は財務上の数字はどうでもいいのです。

まずショッキングな内容を与え、後で種明かしするスキル

　いわゆるshocking statementというスキルです。聞き手にショックを与えて「どうしてだろう」「何だろう」と注意を引かせるのに効果があります。「予想とは異なる」、「想像がつかない」、「考えられない」、「常識とは違う」と思わせる発言をまずしたうえで、後から種明かしをしていく話法です。乱発すると効果が薄れるかもしれませんが、「ここぞ！」というときに使ってみる価値はありそうですね。

・Before coming to this country, I'd never thought of working for the United Nations.
　この国に来る前は、国連で働くなどとは考えたこともありませんでした。

・In survey, about 90 percent of the respondents said they regard child poverty as a very serious issue.
　われわれが行った調査では、回答者の約90％が子どもの貧困を非常に深刻な問題と捉えています。

・Did you know that the Contitution of India does not give any language the status of national language?
　インドの憲法はどの言語にも国語のステータスを与えないことをご存知でしたか。

Unit 6 これは使える！ スピーチ力増強スキル

> **So what matters? What matters more than anything else is the people.** (Section 4)
> では、何が大事なのでしょうか。何よりも大事なものは人です。
>
> **What were our important communication channels? They were rivers...** (Section 5)
> 私たちにとって何が重要なコミュニケーション手段だったでしょうか。それは河川であったり…
>
> **How will it reorganize society? My 12-year-old daughter reminded me...** (Section 5)
> それはどのように社会を再編成することができるでしょうか。私の12歳になる娘が教えてくれたのですが……。

まず質問を投げかけ、後から答えを出してゆくスキル

　いったん聞き手に質問・疑問を投げかけたうえで、後から答えを出してゆくスキルです。聞き手は自分に問いかけられたように感じるとともに、自然と話し手の回答に耳を傾けるようになります。質問の後にちょっと間を置くと、さらに効果があるでしょう。

・How can we reduce carbon dioxide to solve the problem of the global warming? Let us start by...
　地球温暖化を解決するために、どうやったら二酸化炭素を減らすことができるでしょうか。～から始めてみましょう。

・Does this ring any bells? We discussed the matter a couple of months ago.
　何か思い出しますか。この件は2、3カ月前に議論しましたよね。

・What can we do to attract more foreign tourists to Japan? For example...
　日本にもっと外国人観光客が来てもらうには何かできるでしょうか。例えば……。

　ここでは質問を投げかけた後、丁寧に説明しています。一方、質問を投げた後、答えをすぐに出してから補足説明する方法もあります（⇒ *p.161*）。状況に応じてどちらがいいか考えてみましょう。

> The Internet will allow for a different organization. <u>I wonder whether</u> the notion of nation states is important. That's just another way. (Section 5)
>
> インターネットによって、また異なった組織が生まれる可能性があります。国民国家という概念は、はたして重要なのでしょうか。それは単にひとつの（組織化の）方法でしかありません。

I wonder if/whether... で、確証がもてない心境を表す

　wonder は、こうだと言い切れない、確証が持てないときに、I wonder if/whether... の形で使われます。例文は、重要とは言い切れない、重要だと**確証がもてない心境**を表します。

- **I wonder whether** they will accept our proposal.
  彼らがわれわれの提案を受け入れるかどうかはわかりません。

- **I wonder if** they will come to the wedding reception.
  彼らは結婚披露宴に来るかはわかりません。

- **I wonder whether** you have thought about my request.
  私の要望について検討してくれたでしょうか。

　また wonder は、「もし～していただけるとありがたい」という丁寧な言い回しにも使われます。一般的には、I wonder if... ⇒ I'm wondering if... ⇒ I was wondering if... の順に丁寧さが増すと言われています。

- **I wonder if** you can help me.
  ちょっと助けてもらいたいことがあるのですが。

- **I'm wondering if** you could finish this report by Friday.
  金曜日までにレポートを仕上げてもらえるとありがたいです。

- **I was wondering if** you could pick me up at the station.
  駅まで迎えに来ていただけるとありがたいのですが。

Review

聞き手との
コミュニケーションを意識する

　コースラ氏のインタビューの受け答えを聞いていると、自分もその場にいてベンチャービジネスについていっしょに議論しているかのような錯覚に陥ります。これは、コースラ氏の話が面白いというだけでなく、**聞き手とのコミュニケーションの取り方**にあるのではないかと思います。では、コースラ氏は聞き手に向けてどんなシグナルを送っているのでしょうか。

●**聞き手に向かって提案する** (Section 1)
I suggest you look at every one of them

●**会場に向かって語る** (Section 3)
I think all of you will live in an extraordinary time.

●**会場の反応を先取りする** (Section 4)
You might find it surprising that, unlike most investors,...

●**会場に疑問を投げかける** (Section 4)
I don't care about the financials. So what matters?

　このように、コースラ氏は聞き手を常に意識しながらスピーチとQ&Aに臨んでいます。一般的に、スピーチではweを使うと聞き手との一体感が出ると言われていますが、コースラ氏はあえてIとyouを多用することによって、会場とのコミュニケーションを図っているように見えます。たとえ自分の意見を述べるだけで精一杯というときでも、聞き手とのコミュニケーションをどのように行うかを考えてみることが大切です。

Unit 7

蔡英文
Tsai Ing-wen

—— 台湾 ——

Tsai Ing-wen

| Unit 7 | Tsai Ing-wen

■ **蔡英文**
Tsai Ing-wen

1956 生まれ。中華民国（台湾）の政治家。現在、第 14 代中華民国総統、民主進歩党主席。

1978 年国立台湾大学法学部卒業後、1980 年アメリカのコーネル大学ロースクールで法学修士、1984 年ロンドン・スクール・オブ・エコノミクスで法学博士を取得。帰国後、国立政治大学および東呉大学の教授に就任。専門は国際経済法。2000 年行政院大陸委員会の主任委員に就任。2004 年民進党に入党。2008 年民進党第 12 代主席に就任。2016 年総統選で圧勝し、台湾初の女性総統となる。

英語の特徴

　台湾の公用語は、標準中国語（Mandarin Chinese）です。台湾人や中国人の英語は、[l] と [r] の区別があいまいな点などは日本人の英語との共通点もあります。一般的に、日本人の英語に比べて単語の強弱やアクセントをつける傾向があるような気がします。

　蔡総統の英語は、プレゼンやスピーチのテクニックを駆使して聞き手に印象づけようといったスタイルではありません。じっくり考え、言葉を噛みしめながら、気負わず自然体で話していて、言葉づかいからも非常に知的な印象を受けます。特に Section 2 以降のインタビューは、自分の言葉で語るときのお手本になるでしょう。

　本章のテキストは、2015 年、アメリカの戦略国際問題研究所（CSIS）の中国研究部門によって行われた蔡氏に対するスピーチとインタビューからの抜粋です。蔡氏は、民進党の大統領候補としてしっかりと自分のビジョンを語っています。

Section 1

台湾は、民主的な平和国家を志向する。

('Taiwan Faces the Future'と題するスピーチの、最後のポイントから結論に至る部分から抜粋)

Tsai Ing-wen: Last, but most importantly, I will also strengthen our ❶<u>democratic institutions</u> and uphold the right of the people to decide their future free of coercion.

While I advocate for ❷<u>constructive exchanges and dialogues</u> with China, I will ensure the process is ❷<u>democratic and transparent</u>, and that the economic benefits are ❷<u>equitably shared</u>.

In conclusion, I would like to say this. Taiwan stands at the juncture of history and culture. When people in many Asian countries are still suffering from ❸<u>authoritarianism</u>, we in Taiwan are ❶<u>immensely proud of our democracy</u> and cherish our hard-earned social and political rights and ❶<u>individual freedom</u>, together with the rights of civil society and freedom of choice.

As Asia faces rising ❹<u>nationalism</u>, irredentism and threat of military conflict, we intend to engage in ❹<u>proactive</u> peace diplomacy that fosters peace and stability with the spirit of giving and sharing.

---

strengthen: 強化する
institution: 制度
uphold: 擁護する
free of...: 〜のない
coercion: 強制

advocate: 支持する、主張する
constructive: 建設的な
ensure: 保証する
transparent: 透明な
equitably: 公平に

juncture: 転機、岐路
authoritarianism: 専制政治
immensely: 非常に
cherish: 大事にする
hard-earned: 苦労して手に入れた

irredentism: 領土回復主義
proactive: 積極的な
foster: 育てる、促す

スピーチのツボ!

❶ 民主主義に関するキーワードを散りばめる

スピーチの最後のポイントから結論にかかるところです。最初の段落で democratic institutions（民主主義的制度）、3 段落目の結論の部分では immensely proud of our democracy（自分たちの民主主義をとても誇りに思う）、そして individual freedom（個人の自由）といったフレーズを使っています。特に immensely（とても）という単語を力強く言っているところに、民主主義国家への誇りを感じさせます。

❷ 中国本土との関係をバランスよく示す

constructive exchanges and dialogues（建設的な意見交換と対話）という前向きな表現を用い、独立反対派の不安を払しょくしています。一方で、対話のプロセスは democratic（民主的）で transparent（透明性のある）、また経済面の恩恵は equitably shared（公平に分配される）であるべきと釘を刺しています。

❸ ほかのアジアの国々と比較する

ほかのアジアの国の人々を引き合いに出し、台湾は authoritarianism（専制政治）の国々とはちがうとコメントしています。他国との比較によって we in Taiwan... 以下の文を引き立てています。

❹ proactive などの形容詞をうまく使う

nationalism（ナショナリズム）という単語に力を込めながら、平和と安定をはぐくむ proactive peace diplomacy（積極的な平和外交）に取り組む方針を打ち出しています。proactive（積極的な）という形容詞を使い、自ら積極的に進んでやる前向きな姿勢を示しています。

訳

蔡英文：最後に、ただしもっとも重要なことですが、私はまた、わが国の民主主義的制度を強化し、国民が自分たちの未来、強制されることのない未来を決められる権利を擁護します。

中国との建設的な意見交換と対話は支持するものの、その手順が民主的で透明性があり、経済的な恩恵が公平に分配されることを保証します。

最後に、私は次のことを申し上げておきたいと思います。台湾は、歴史と文化の転機にあります。アジアの多くの国々の人たちがいまだに専制政治に苦しんでいるとき、台湾に住む私たちは自分たちの民主主義をとても誇りに思っており、市民社会の権利と選択の自由とともに、苦労して勝ち取った社会的・政治的権利と個人の自由を大事にしています。

アジアが、高まるナショナリズム、領土回復主義、軍事衝突の危機などに直面する中、私たちは献身と分かち合いの精神で平和と安定を育む積極的な平和外交を行っていくつもりです。

Section 2
前回の選挙運動は、それなりに良かった。

（今回は2度目の挑戦となるが、前回の大統領選からの教訓や、今回はどういう点が異なるかなどを聞かれて）

Tsai Ing-wen: Well, the environment today is ❶ very different from that in 2011 and 2012.

But despite the differences, I tend to think we [had] ❷ a pretty decent campaign in 2011 and 2012, primarily because we ran a campaign with limited resources and we have a ❸ large number of people helping us in terms of making small donations, and they come up and ❸ help, and... you know, in whatever way they can ❸ help us.

So I thought it was ❹ a pretty exciting campaign that we had last time.

decent: きちんとした
primarily: 主に

in terms of...: 〜の点で
donation: 寄付（金）

in whatever way: いかなる方法であれ

スピーチのツボ！

❶ 前回と今回は違うことを明確に述べる

　前回と今回の選挙運動の違いを問われた蔡氏は、今回は very different（かなり異なる）と形容しています。選挙戦に負けた前回とはちがうことを強調することで、今回は勝つつもりであることを暗に示しています。

❷ 前回の選挙については慎重にコメントする

　今回は前回とはちがうとは言っても、前回の選挙運動についてのネガティブな発言は避けています。前回選挙協力してくれた人々、蔡氏に投票してくれた国民に配慮しながら、a pretty decent campaign（かなりよい選挙運動）と表現しています。

❸ 前回のサポートに対して謝意を述べる

　選挙資金は少ない中、多くの人が少額の寄付をしてくれた、できることは何でもしてくれたことを、large number、help などの単語に心を込めながら感謝の気持ちを表しています。

❹ 前回の選挙運動をポジティブに結ぶ

　前回の選挙運動を a pretty exciting campaign（とてもエキサイティングな選挙）と締めくくっています。ワクワク感を示す exciting を使いながら、反省点や教訓などにはふれず、あくまで良かった点に焦点を当てています。

訳

蔡英文：ええ、今の（政治）環境は 2011 年や 2012 年当時とはかなり異なっています。

　しかし、その違いにもかかわらず、私たちは 2011 年と 2012 年にかなりよい選挙運動ができたと私には思えるのですが、その主な理由は、私たちが限られた資金で選挙運動を行っていたところ、大勢の人たちが小口の寄付という形で支援してくれたり、支援に駆けつけてくれたりするなど、可能な限りの方法で支援してくれたからなのです。

　ですから、前回の選挙運動はとてもエキサイティングなものだったと思います。

Section 3
今回は、国民との間に信頼関係が生まれた。

(Section 2 のつづき)

Tsai Ing-wen: But this time, of course, ❶the situation is very different. And also, we have a longer period of time to get ourselves prepared and have better communication with our friends here and in other places, so that our intentions would ❷not be distorted, our intention would ❷not be misunderstood.

And therefore I think, in general terms, our communication with our friends outside and also with people, the general public, at home, is much better.

And as a result, we were building this sort of ❸trust that we need when we run a government. ❹So I think this time we stand a better chance to win.

intention: 意図、考え
distort: 歪曲する

in general terms: 全般的には、大まかに言えば

stand a better chance to...: 〜する可能性が高い

スピーチのツボ

❶ 今回は前回とは違うと再度はっきり言う

今回は the situation is very different（状況がかなり異なる）と、質問に対する答えの冒頭（Section 2の最初の部分）を繰り返しています。前回とちがって今回は勝てるという筋書きを意識した発言です。

❷ 前回の反省点にも遠まわしにふれる

今回異なるのはコミュニケーションの改善と分析したうえで、われわれの意図は distorted（歪曲）されず、misunderstood（誤解）されないと述べ、前回はそうだったことを暗に示しています。改善点を示すことによって、今回はちがうというイメージを植え付ける効果があります。

❸ 準備はできていることをアピール

前回に比べてコミュニケーションがうまく取れていることを再度挙げ、政権を取ったときには trust（信頼）が築かれている、とアピールしています。

❹ 今回の勝算について強気に発言する

So I think this time の直後にしばらく間を置くことにより、多少躊躇するかのような素振りを見せながらも、we stand a better chance to win（私たちが勝利する可能性はより高い）と自信を見せています。

訳

蔡英文：しかし、もちろん今回は状況がかなり異なっています。さらに、私たちには準備をする時間がもっと多くあり、国内外の支援者たちとより緊密なコミュニケーションがとれていますから、私たちの意図が歪曲されたり誤解されたりすることはないでしょう。

したがって、全般的には、海外の支援者、そして国民、国内の一般市民とのコミュニケーションはずっとスムーズになっています。

そして、結果として私たちは、まさに政権を運営する場合に必要となる信頼を築いてこられたのです。ですから今回は、私たちが勝利する可能性はより高いと思います。

Section 4

台湾の国民は、女性の総統を受け入れるかどうかを問われる。

（女性候補として、あなたは政策や景気動向に焦点を当て、女性という点を持ち出さないイメージがあるが、女性の大統領候補になる点についての見解はどうかと聞かれて）

Tsai Ing-wen: This time, the Taiwan public has to face this ❶test—that is, whether they can accept a woman leader as president of the country. Of course, there are some people in Taiwan who are still ❷rather traditional—have some hesitation to consider a woman leader.

But among the younger generation, I think the young people are generally excited about this idea of having a woman to lead the country. They thought it was rather trendy. So overall, you get a balance there.

So if you ask me whether gender is something that is advantageous or disadvantageous to my candidacy, ❸I think it's OK.

But for Taiwanese people, actually, they are faced with ❹a very serious test next year. That is whether we are ❹advanced and civilized enough to accept a woman leader.

---

traditional: 昔ながらの、伝統的な
hesitation: ためらい、躊躇

trendy: 最新流行の、今はやりの
overall: 全体として

gender: 性（別）
advantageous: 有利な（⇔ disadvantageous）
candidacy: 立候補

スピーチのツボ!

❶ 女性のリーダーを受け入れる用意があるかを問う
　国民は女性の総統を受け入れるかどうかが問われることを test という一語で表しています。国民が試されると問いかけ、国民に受け入れる意識をもつよう暗に求めていると言えるかもしれません。

❷ 柔らかい言い方をする
　伝統的な考え方をする人々がいる一方で、若者は女性のリーダーを望んでいると分析しています。躊躇する人に対する攻撃と取られないよう、rather traditional（ずいぶん昔ながらの）というソフトな言い方をしています。

❸ 女性の候補者としては一長一短がある
　女性の候補者が有利か不利かという点につき、ちょっと間をおいてから I think it's OK と答え、両面ある含みを持たせています。

❹ 国民の見識が問われると結ぶ
　来年は国民が十分 advanced（先進的）であり civilized（文化的）であるかが問われる、a very serious test（非常に大きな試練）に直面すると述べています。言い換えると、女性の総統が受け入れられないならば国として遅れている、ということになり、国民にプレッシャーをかけているとも言えます。

訳

蔡英文：今回、台湾の国民はこの試練に立ち向かわなければなりません。つまり、女性のリーダーを国の総統として受け入れることができるかどうかということです。もちろん、台湾にもまだずいぶん昔ながらの考え方をしていて、女性をリーダーとみなすことをためらっている人たちがいます。

　しかし、若い世代のなかには……若者たちは概して、女性に国を率いてもらうという考えに興奮していると思います。彼らはそれが最新流行だと思ったのです。ですから、全体として、そこでバランスがとれているのです。

　ですから、もしあなたが性別が私の立候補にとって有利なのか不利なのかと尋ねるなら、それは問題ではないと私は考えます。

　しかし、台湾の国民にとっては……実際、彼らは来年になると非常に大きな試練に向き合うことになります。それは、私たちが女性のリーダーを受け入れられるほど先進的で文化的であるかどうかということなのです。

Section 5

日本やASEANとの関係を強化していきたい。

Track 38

（大統領になった場合、政治や経済の面でどの国との関係を強化したいかと聞かれて）

Tsai Ing-wen: I would say, ❶Japan is a country that [has] a long-term relationship with us. And the bilateral trade and flow of personnel is increasing, because we now have this rather convenient arrangement to travel between the two places.

And the other place... I'm naming specific countries, but ❷I'm running the risk of offending others, you know? But the other group of countries that we want to have [a] closer relationship with is the ASEAN countries, because we'd like to have ❸more trade with them, and we also want to have ❸investment opportunities explored there.

The fact that we have a lot of immigrants from Southeast Asia—we actually think that—❸I actually think that this is our asset, because they will eventually help establish our connection with the ASEAN countries.

And I see a lot of ❹opportunity there and we of course want to explore these ❹opportunities as much as possible.

---

long-term: 長期的な
bilateral: 二国間の
personnel: 人々、人員

run the risk of...: 〜のリスクを冒す

ASEAN: 東南アジア諸国連合

investment: 投資
explore: 探求する

asset: 利点、資産
eventually: いつかは、結局

スピーチのツボ！

❶ 日本重視の方針を明確に打ち出す
　大統領となった場合に中国本土以外に関係強化したい国を問われ、真っ先に日本を挙げています。理由を添えているので、聞き手は納得感があるでしょう。

❷ ASEAN については具体名を避ける
　ほかの国については、不公平感が出てくることを恐れて名指しを避けています。こうした外交面での配慮を見せることによって、結果として大統領としての素養があることを示すことになります。

❸ ASEAN からの移民をプラスと捉える
　ASEAN に積極的な理由として、more trade（貿易の促進）と ASEAN への investment opportunities（投資機会）というふたつの側面を挙げながら、ASEAN からの移民の果たす役割にふれています。移民の存在を尊重する姿勢を示すのに、I actually think that this is our asset という一文がしっかり効いています。

❹ opportunity をうまく使う
　opportunity（機会）という前向きなニュアンスを持つ単語をうまく使っています。また、opportunity を explore（探る）と絡ませながら、ASEAN との関係強化の可能性を探りたいという積極的な姿勢を伝えようとしています。

訳

蔡英文：例えば日本は台湾と長年にわたる関係を持つ国で、両国間の貿易と人々の交流は拡大しています。それは、現在、両国間を旅行する上で都合のよい取り決めがあるからです。

　ほかの国々というと、私は特定の国の名を挙げていますが、それはほかの国の機嫌を損ないかねませんね。でも、より緊密な関係を築きたいと思っている国々は、ASEAN 諸国です。というのは、そうした国々との貿易をもっと盛んにしたいですし、投資やさまざまなチャンスを追求したいのです。

　わが国には東南アジアからの移民が数多くいるという事実——実は、それがわが国の利点だと私は考えています。なぜなら、そうした人たちがいずれ、わが国が ASEAN 諸国との関係を築き上げるときの助けとなってくれるでしょうから。

　そして、そこには多くのチャンスがあると私は思いますし、もちろんそうしたチャンスを私たちは可能な限り追求したいと思っています。

Unit 7 これは使える！スピーチ力増強スキル

> While I advocate for constructive exchanges and dialogues with China, I will <u>ensure</u> the process is democratic and transparent, and that the economic benefits are equitably shared. (Section 1)
>
> 中国との建設的な意見交換と対話は支持するものの、その手順が民主的で透明性があり、経済的な恩恵が公平に分配されることを保証します。

ensure を使って、自分の意志をしっかりと伝える

　ensure は「保証する、確保する、担保する」など、その意味はその前後関係により異なります。「（何かを）確実にする」というときに使われる単語です。上記の例文では、その過程が民主的で透明性であることを国民に約束するという内容です。「自分の意思をしっかり示して聞き手を安心させるとき」、逆に「相手に対して何かを確実なものにしてほしいとき」に使われます。

- We **ensure** an emergency power supply in case of an earthquake.
  地震発生時の非常用電源を確保しています。

- Please **ensure** the safety of staff on our production lines.
  生産ラインの従業員の安全を確保してください。

　似た言い方に make sure（必ず〜する、確実に〜となるようにする）があります。具体的な行動を起こしたり、求めたりするときに便利な言い方です。

- Please **make sure** that goods are shipped on schedule.
  必ず品物が予定通り船積みされているようにお願いします。

- I'll walk you to the station, just to **make sure** you get on the right train to the airport.
  空港行きの正しい電車に必ず乗れるように、念のため駅までご一緒します。

- I want to **make sure** we reach an agreement with the client in today's meeting.
  今日のミーティングでは、必ず顧客と合意に達するようにしたいです。

Unit 7 | **Tsai Ing-wen**

> ...we ran a campaign with limited <u>resources</u> and we have a large number of people helping us in terms of making small donations （Section 2）
>
> 私たちが限られた資金で選挙運動を行っていたところ、大勢の人たちが小口の寄付という形で支援してくれたり……。

ヒト・モノ・カネ、スキル、IT などを表す resource

　resources の意味は「資源」。natural resources といえば「天然資源」です。ビジネスでは、3 大資源と言われるヒト・モノ・カネ、そしてスキル、IT なども指し、その前後関係によってどの意味になるかが決まってきます。上記の例文は、前後関係から「カネ」、つまり選挙資金であることがわかります。

・Japan is rich in marine **resources**.
　日本は海洋**資源**が豊富です。

・Let's discuss our human **resources** strategy for this year.
　今年の**人事**戦略について議論しましょう。
　[human resources: 人的資源。会社の「人事部」は human resources department と訳せます]

・We need more **resources** to proceed with this huge project.
　この巨大プロジェクトを進めるには**人員**増強が必要です。

・We should enter into emerging markets, but our financial **resources** are limited.
　新興諸国に進出するべきですが、**資金**に限界があります。[enter into...: 〜に進出する]

　また、resource には「情報源」という意味もあります。

・This material can be used as a reference and information **resource**.
　この資料は参考また**情報限**として利用できるかもしれません。

Unit 7 これは使える！ スピーチ力増強スキル

> So overall, you get a <u>balance</u> there. So if you ask me whether gender is something that is advantageous or disadvantageous to my candidacy, I think it's OK.
>
> (Section 4)
>
> ですから、全体としてそこでバランスがとれているのです。ですから、もしあなたが性別が私の立候補にとって有利なのか不利なのかと尋ねるなら、それは問題ではないと私は考えます。

「均衡」や「差額・残高」などを表す balance

balance は「(重さ・重要性・時間配分などの) 均衡・バランス」の意味のほかに、「(収支・差引勘定などの) 差額・残高」といった意味もある多義語です。

- I lost my **balance** and fell on the ground.
  バランスを崩して地面に転んでしまいました。

- I try to keep a **balance** between work and home, but it's not that simple.
  仕事とプライベートのバランスを保とうとしていますが、それほど単純ではありません。

- On **balance**, I'm satisfied with my present situation.
  総じて、私は今の状況に満足です。［on balance:すべての要素を考慮に入れると→総じて］

- I need to check the **balance** of my bank account.
  銀行口座の残高をチェックする必要があります。

また、balance は「バランスを取る」という意味の動詞としても使われるほか、balanced (バランスの取れた) という形容詞もあります。

- We have to **balance** the money we spend and the money we save.
  支出と貯金のバランスを取らなければなりません。

- I want to know how to have a **balanced** diet.
  どうしたらバランスのとれた食事がとれるか知りたいです。

- He has a **balanced** view on politics.
  彼は政治に関してバランスのとれた見方をしています。

> I see a lot of <u>opportunity</u> there and we of course want to explore these <u>opportunities</u> as much as possible.
>
> (Section 5)
>
> そこには多くのチャンスがあると私は思いますし、もちろんそうしたチャンスを私たちは可能な限り追求したいと思っています。

ビジネスでは chance よりも opportunity を

　ビジネスには欠かせない opportunity（機会、チャンス）という言葉です。日本語から連想すると、チャンスは chance なのですが、chance には「偶然」というニュアンスが含まれることがあるので、特に仕事では opportunity のほうが前向きで好まれます。一般的には、1度だけの機会なら単数形で opportunity、一般的に語るときは複数形で opportunities となるのがふつうですが、あまり神経質になる必要はありません。

- We're experiencing a tailwind. This is a once-in-a-lifetime **opportunity**.
  これは追い風です。千載一遇のチャンスですよ。[tailwind: 追い風 — headwind: 向かい風]

- They have accepted our revised offer. This is a golden **opportunity** to buy the company.
  彼らはわれわれの修正案を承諾しました。これは会社を買収するまたとないチャンスです。

- This inning is a window of **opportunity** for our team to win the game.
  この回は、われわれのチームが試合に勝つワンチャンスですよ。
  [window of opportunity　窓が開いてチャンスが訪れること]

　「機会を捉える」という場合は、こんなふうにも表現できます。

- I'd like to take this **opportunity** to thank you all for your dedicated effort.
  この機会に、みなさんの献身的な努力に対して感謝したいと思います。

- The university offered me a scholarship, so I seized the **opportunity** to study abroad.
  大学が奨学金をオファーしてくれたので、この機会を捉えて留学しました。

Review

ソフトな表現を使いながらも、言うべきことは言う

　蔡総統の語り口は、プレゼンの技を駆使するわけでも、力強さを誇示するわけでもありません。むしろ謙虚で思慮深く、言葉を選びながら自然体で話していて、知的な雰囲気を感じさせます。そんな語り口からは、**ソフトながらも言うべきことはしっかり言う**スキルを学ぶことができます。

●今回の選挙について

And therefore I think, in general terms, our communication with our friends outside and also with people, the general public, at home, is much better.

　→ much betterと言い切らずに I think, in general terms,...（全般的に見て）

And as a result, we were building this sort of trust that we need when...

　→ trustと言い切らずに this sort of trust（一種の信頼、信頼のようなもの）という

●女性のリーダーについて

Of course, there are some people in Taiwan who are still rather traditional...

　→ rather（むしろ、どちらかというと）を加えて、保守的な考えに対する非難と取られないようにする

That is whether we are advanced and civilized enough to accept a woman leader.

　→女性のリーダーを受け入れる時代だとは言わずに、advanced か civilized かは台湾の国民にかかっていると問題を投げかけている

　いずれも直接的な言い方を避けながら自分の意見はしっかり述べています。ビジネス交渉の世界には **polite but firm**（丁寧に、しかし、ぐらつかず）という言葉があります。自分の見解はしっかり述べながらも、ちょっとした緩衝材を用意しておきたいものです。

Unit 8

新浪剛史
Takeshi Niinami

― 日本 ―

写真：© ロイター／アフロ

Takeshi Niinami

写真：© ロイター／アフロ

■ **新浪剛史**
Takeshi Niinami

日本の経営者。1959年神奈川県横浜市生まれ。1981年慶應義塾大学経済学部卒業、三菱商事株式会社に入社。1991年ハーバード大学経営大学院修了（MBA取得）。2005年株式会社ローソン代表取締役社長兼CEOに就任。2013年日本経済再生本部「産業競争力会議」のメンバーに選出。2014年サントリーホールディングス株式会社代表取締役社長に就く。

英語の特徴

　2016年ダボス会議のJapan's Future Economy（日本経済の将来）と題するセッションにおけるパネルディスカッションの一部です。パネリストは、新浪氏、甘利元内閣府特命担当大臣（経済財政政策）、経済学者のアダム・ポゼン氏の3名。新浪氏は民間企業の立場でコメントしています。

　甘利元大臣がアベノミクスについて説明したのを受けて、司会者は、新浪氏に対して次の質問を振ります。
What kind of impact has it (=Abenomics) had on corporate spending? How much easier is your life now as a CEO?
（アベノミクスは企業投資にどう影響したか。CEOとしてどの程度楽になったか）

　本章はこの質問の答えから始まり、話が発展していきます。新浪氏のコメントは非常に明瞭かつ簡潔で、説得力があります。自分が伝えたい意見や思いをどのように英語で伝えるかを学ぶことができます。

　また、コミュニケーションのコツについても学ぶことができます。CDを聞くと、文章の抑揚やアクセントをつけながら、大きな声ではっきりと発声しているのがわかります。キーワードの強調の仕方などに注目しながら聞いてみましょう。また、CDでは映像は見ることができませんが、新浪氏は司会者や会場としっかりアイコンタクトをし、堂々と発言しています。

Section 1

アベノミクス経済について、一定の評価を示したい。

Takeshi Niinami: ❶I'd like to give credit to Abenomics for, [I] think, changing the overall economy of Japan—❷I mean, momentum of the Japanese economy from negative to positive.

But ❸there are lots of things that need to be done, because we have not got out of the deflation yet completely. And people have, still, ❹inertia in their minds.

So, I extremely believe that it takes at least 3 to 5 years to see the ❹efficacies of the policies implemented already by the government. So it's been, I think, a positive, but, you know, we have to see, let's say, 3 to 5 years. But definitely ❹efficacies have been emerging.

---

give credit to...: ～を評価する
overall: 全体的な
momentum: 勢い

inertia: 無気力、不活発

efficacy: 効力
implement: 実施する

emerge: 出現する

スピーチのツボ

❶ 結論、理由の順に述べる

I'd like to give credit to Abenomics（アベノミクスを評価したい）とまず結論を述べたうえで、日本経済の momentum（勢い）をネガティブからポジティブに変えた、と理由を添えています。ビジネスでは好まれる手法です。

❷ I mean... と言って理由を述べる

I'd like to give credit...（〜を評価したい）に続けて、I mean 以下でその理由を示しています。この場合は、I mean... で始めていますが、理由を述べるときは、The reason is...、Because... など、これから理由を述べるシグナルを送ると聞く方も心の準備をすることができます。

❸ ポジティブに言ったうえで課題を出す

アベノミクスを評価したうえで、there are lots of things that need to be done（やるべきことはたくさんある）と述べています。問題点や反対意見を述べるときは、まずプラス面から入るのが賢いコミュニケーション方法です。

❹ 聞くときはわからない単語に引きずられない

本セクションでは、inertia（無気力）、efficacy（効力）といった聞き慣れない単語が出てきます。もしわからなかったとしても気にせず、発言全体の要旨をくみ取るように心がけましょう。

訳

新浪剛史：私は、アベノミクスが日本の経済全体を変革するものだという点で、高く評価したいと思います。つまり、日本経済をマイナスからプラスの方向へと動かす原動力だからです。

しかし、やるべきことは、まだたくさんあります。なぜなら、私たちはまだ完全にはデフレを脱却していないからです。そして国民の心（消費意欲）はまだ沈滞したままです。

ですから、私は政府によってすでに実施された政策の効果が目に見えて現れるまでには少なくとも3年から5年はかかるはずだと思っています。それ（アベノミクス）は前向きなものだったと思いますが、まあ3年から5年は様子を見なければなりません。しかし、明らかにその効果は現れてきているのです。

Section 2

Track 40

賃金・労働力・投資の３つに取り組むことが重要である。

Takeshi Niinami: So the prerequisite thing is ❹definitely the long-term and steady government, like the current one. And, to do so, then we can get rid of deflation ❹completely.

And we must build the ❶solid economy that is resilient to the, I think, negative impact of the world economy, ❷like [the] gross recession of China. And to enable ❶sustainable growth, we must create ❶domestic demand, ❹definitely the ❶domestic demand, by addressing three issues further—more. ❸One, wages. Two, labor. And three, investment.

---

prerequisite: 前提となる

steady: 安定した
get rid of...: ～を追い出す

solid: 強固な
resilient to...: ～に抵抗力がある
recession: 景気後退
sustainable: 持続可能な
address: 取り組む
wage: 賃金
investment: 投資

スピーチのツボ

❶ キーワードを効果的に使用する

　長期安定政権がデフレ完全脱却の前提→世界経済の影響を受けにくい経済→持続可能な経済成長には国内需要、という話の流れの中で、solid economy（強固な経済）、sustainable growth（持続可能な成長）、domestic demand（国内需要）などのキーワードが効果的に使われています。自分が話をするときにもキーワードを盛り込むよう意識しましょう。

❷ 中国経済を引き合いに出す

　世界経済のマイナスの影響について述べるときに like [the] gross recession of China（中国の大幅な景気後退のような）と具体例を入れています。具体例をひとつでも入れることで、聞き手はイメージがしやすくなります。

❸ One, two, three... と言って3つの問題を列挙する

　最後の部分で wages（賃金）、labor（労働）、investment（投資）という3つの問題を、One, two, three... と言って持ち出しています。相手の頭のなかにしっかりインプットするには、こうした簡潔な言い方が適切です。

❹ 聞くときは definitely などの言葉の直後に集中する

　スピーカーにはそれぞれ口癖があります。新浪氏の場合は、definitely（絶対に）や completely（完全に）などがよく使われています。特に definitely の前後は自分が確信していることが出てくるので、その言葉に集中して聞くといいでしょう。

訳

新浪剛史：ええ、その前提となるものは（もちろんのことですが…）、現政権のような長期的で安定した政権です。そうしてはじめてデフレを完全に克服することができるのです。

　そして、私たちは、中国の大幅な景気後退のような世界経済のマイナス要因にも耐えうる強固な経済を築かなければなりません。そして持続可能な成長を可能とするためには、国内需要を生み出さなければなりません。次の3つの問題に取り組むことで、絶対に国内需要を生み出さなければいけません。ひとつめは賃金です。ふたつめは労働力、そして3つめは投資です。

Section 3
賃上げの推進には、法人税の引き下げが不可欠！

Takeshi Niinami: ❶Let me touch upon and explain the continuous wage hike. This is underway.

But the labor share of national income has dropped, while we corporations are reporting record highs in profits. So... and most CEOs are still hesitant to invest, to pay more to wages, because we feel, still, ❷understandably, skeptical of the sustainable growth. ❸So I support the current activity of the Abe administration to pressure business to increase wages.

But in [the] exchange of the decrease of the tax—I mean corporate tax rate to the, you know, mid-20s, gradually. ❹So that's important.

---

touch upon: 言及する
continuous: 継続的な
hike: 引き上げ
underway: 進行中の

hesitant: ためらっている
invest: 投資する
understandably: 無理もないことだが
skeptical: 懐疑的な

in exchange of [for]...: ～と引き替えに

スピーチのツボ !

❶ Let me touch upon... で次の話題に移る

　次のポイントに移るときは、ひと言述べてから移るのが原則です。Let me touch upon...（私に〜についてふれさせてください）は、次の話題に移行する際の決まり文句のひとつです。

❷ understandably で相手の気持ちに寄り添う

　understandably を使って「投資や賃上げをためらう状況を理解できる」と経営者に寄り添う発言をしています。（新浪氏はローソン時代に真っ先に賃上げを表明した実績があり、本音としては躊躇せずに賃上げすべきと言いたいのかもしれませんが）こうしたひと言を加えるだけで発言内容のトーンがずっと柔らかくなります。

❸ 具体例を述べたうえで I support... と結論を述べる

　結論から先に入る場合もあれば、このように、企業経営者は賃上げを躊躇するというストーリーを展開したうえで So I support...（だから〜だ）という自分の意見を述べるやり方もあります。どちらが効果的かは話の流れによるでしょう。

❹ So that's important. と釘を刺す

　政府を支持する条件として法人税引き下げを挙げたうえで、So that's important. とストレートに注文をつけています。言うべきことははっきり言うスタンスです。

訳

新浪剛史：継続的な（労働者の）賃上げについて少し説明させてください。これは目下、進行中です。

　しかし、企業が記録的な収益を記録している一方で、国民所得の労働者によるシェアは低下しています。というのは……ほとんどの企業経営者は投資をしたり賃上げしたりすることをためらっているのですが、それも無理もないことで、成長が持続できるかどうかまだ確信が持てないからです。ですから、企業に賃上げを促している安倍政権の今の姿勢を、私は支持しているのです。

　しかし、それと引き替えに税金の引き下げ、つまり法人税率を 20 パーセント台の半ばまで徐々に引き下げることが必要です。それが重要な点です。

Section 4

規制緩和を通して、新分野に投資を！

Track 42

Takeshi Niinami: And another thing is ❶definitely investment opportunity—❷I just skipped the labor—but investment opportunity in the domestic market. ❶ Definitely ❸ we have to work on much more effort to the... deregulate, I mean better regulations.

And we have the—lots of ❹opportunity which is a ❹potential, like our health care industry including healthier longevity—I mean, longer, healthier longevity. That's preventive medicine. And as the minister mentioned, IPS and nutritional products and robotics to the elderly care. And maybe clean energy. So, those are potential areas.

And we may be able to—definitely, perhaps—I will say ❶definitely... we can make use of the fourth industrial revolution for that database, I mean, big data analysis and A.I. They will be playing a key role.

---

skip:（途中を）飛ばす

deregulate: 規制を緩和する

potential: 可能性（のある）
longevity: 寿命、長寿
preventive: 予防の
IPS: 人工多能性幹細胞
nutritional: 栄養に関する
robotics: ロボット工学
elderly: 高齢者の

big data analysis: ビッグ・データ分析（膨大な非定型的なデータを分析してビジネスに役立つ知見を得ること）
A.I.: 人工知能（Artificial Intelligence）
play a key role: 重要な役割をはたす

スピーチのツボ

❶ definitely で投資の大切さを強調する

本セクションは、規制緩和→国内における投資機会の拡大→医療産業、クリーンエネルギー→第四次産業革命（ビッグデータ分析、人工知能）という流れで、投資機会の重要性を語っています。それを強調するのに、definitely が効果的に使われています。

❷ 話題が飛んだことに言及する

I just skipped (the) labor と言って、2点目の「労働」は飛ばしたことに触れています。聞き手に、ふたつ目のポイントはどうしたのだろう〜と思われないように配慮したひと言です。

❸ 規制緩和の重要性を強調する

we have to work on much more effort to deregulate と述べ、投資拡大の前提条件として規制緩和への取り組みが重要であることを、work on...（〜に取り組む）、effort（努力）といった単語を使って力強く述べています。

❹ 前向きな言葉を使用する

opportunity（機会・チャンス）、potential（潜在性）という前向きな響きのする単語をうまく絡めて使っています。こうした言葉を上手に使うことで、発言全体がポジティブなトーンに聞こえるようになります。

訳

新浪剛史：そして、もうひとつ重要なことは、明らかに投資機会——ちょっと労働力のことを飛ばしてしまいしたが——国内市場における投資機会です。間違いなく、私たちは規制緩和のさらなる努力、つまり規制の改善に取り組む必要があるのです。

私たちには可能性を秘めたさまざまな投資機会があります。例えば、健康医療産業などもそのひとつで、それには健康寿命、つまりより健康で長生きすることをサポートする予防医学なども含まれます。（甘利）大臣も言われたように、iPS 細胞、栄養製品、高齢者介護のためのロボット工学などもあります。そして、おそらくクリーンエネルギーもそうです。そうしたものが有望な分野です。

そして私たちは、おそらく、いや間違いなく、そのデータベースとして第4次産業革命、つまりビッグ・データ分析や人工知能を活用することができるでしょう。こういったものが重要な役割を果たしていくことでしょう。

Section 5
女性の管理職登用は、長期的な視野で導入すべき！

Takeshi Niinami: Well, in the service sectors, ❶<u>definitely women are leading the business itself</u>, as well as the consumption. Because, you know, the best and largest customers are female, you know, customers, definitely. And we have to stay with those people, I mean, women. I mean, for the addition making. Especially in the sub-sectors.

But having said that, ❷<u>can business leaders promote them all of a sudden to the senior positions?</u> ❸<u>I don't think so</u>. What we can do is to increase population in the organization at first. So, for example, increase the recruits ❹<u>50 to 60%, I mean 51 to 65%</u> should be women... I mean, to increase population in one organization. That's the first step.

And that's what we businesses are now working on. And then over ten years we'll see good managers, especially service sectors like health care, you know, retail businesses. We'll see good managers because they know customers more than, you know, us.

consumption: 消費

stay with...: 〜に配慮する

promote: 昇進させる
senior: 上級の

recruit: 新入社員

retail: 小売り

スピーチのツボ

❶ まずは「女性は重要」と結論から述べる

サービス業における女性の重要な位置づけ（消費者＋働き手）、そして、働く女性の支援の必要性について述べています。女性は重要であるという自分の立ち位置を最初にはっきりさせています。

❷ 次に疑問を投げかける

can business leaders promote...? と会場に向かって問いかけています。聞き手に対してこうした疑問を投げかけることは、聞き手が自問自答するきっかけを与えるとともに、スピーカーの答えに注目させる効果があります。

❸ 最後に解決策を示す

疑問に対して I don't think so. と答えたうえで解決策を示しています。仕事をしながら経験を積み、いい管理職が生まれていくというプロセスを、説得力を持って説明しています。

❹ 数字を効果的に提示する

ただ増やすといっても、どのくらい増やすべきと考えているのかは伝わりません。50から60、もしくは65%という数字を示すことで、聞き手はより具体的なイメージを持つことができます。

訳

新浪剛史：サービス部門では、明らかに女性が消費の面ではもちろん、業界自体も先導しています。なぜなら、その最高の、そして最大の顧客は明らかに女性ですからね。私たちはこうした人たち、つまり女性を重視する必要があります。特にサブセクターにおいてさらに成長するために。

しかし、そうは言っても、ビジネス界のリーダーたちは、いきなり女性を上級職に昇進させることができるでしょうか。私はそう思いません。私たちにできることは、まず組織内の女性の数を増やすことです。例えば、女性の新入社員の割合を50から60、いや50から65パーセントに増やすのです。つまり、ひとつの組織の中での人数を増やすのです。それが最初のステップです。

それこそ今、いくつかの企業が取り組んでいることなのです。そうすれば、10年以内には優秀な（女性）管理職が、特に医療や小売ビジネスなどのサービス部門で現れることでしょう。そうした優秀な（女性）管理職が生まれるのは、女性のほうが私たち（男性）よりも顧客のことをよく知っているからです。

Unit 8 これは使える！スピーチ力増強スキル

> I'd like to <u>give credit to Abenomics for</u>, [I] think changing the overall economy of Japan—I mean, momentum of the Japanese economy from negative to positive. (Section 1)
>
> アベノミクスは日本の経済全体を変えたという点で評価したいと思います。つまり、日本経済をマイナスからプラスの方向へと動かす原動力だからです。

人物や業績を評価するときに使う give A credit for B

give A credit for B は「AのBにかかわる功績を認める」という意味のフレーズです。（人や物を）評価したり、何かを褒めたりするときの言い回しです。credit「信用、評価」といった意味で、give credit は「信用する、評価する、認める」。

- Please **give yourself** more **credit**.
  もっと自信を持ってください。[もっと自分を信用する・評価する→自信を持つ]

- We **give him credit for** his enthusiasm for the project.
  彼のプロジェクトに対する情熱を評価します。

- We should really **give Emma credit for** her successful marketing work.
  エマのマーケティングの成功を評価すべきです。

credit の意味は「信用、評価」。credit card は、カード会社が所持人に対して credit（信用）を与えて、credit limit（信用を与える上限→使用限度額）までは立て替えて後日清算する仕組みです。大学の「単位」も credit と言います。

- The credit limit on my card is ¥200,000.
  私の（クレジット）カードの使用限度額は 20 万円です。

- I got two credits for the seminar.
  このゼミでは 2 単位もらえました。[評価→単位]

> <u>Let me touch upon</u> and explain the continuous wage hike. This is underway. But the labor share of national income has dropped, while we corporations are reporting record highs in profits.　　　(Section 3)
>
> 継続的な賃金引上げについてちょっとふれ、説明させてください。これは目下、進行中です。しかし、企業が記録的な収益を記録している一方で、国民所得の労働者によるシェアは低下しています。

これから説明する話題について予め提示する touch on...

　touch upon（または on）... は「〜にふれる」という意味で、話すときに加えて、書かれているときに使われます。

- Let me **touch upon** the pros and cons of this project.

　このプロジェクトのプラス面・マイナス面について触れてみたいと思います。

- I **touched upon** the issue in my Kuala Lumpur business trip report.

またはThe issue is **touched on** in my Kuala Lumpur business trip report.

　その件は、クアラルンプールの出張報告でコメントしています。

　ここで、touch に関するほかの用法についても見ておきましょう。

- His story **touched** us deeply.

　彼の話には深く感動しました。［touch: 感動させる］

- That's a **touching** story.

　それは感動的な話ですね。［touching: 感動的な（形容詞）］

- Let's keep in **touch**.

　連絡を取り合いましょう。［touch: 連絡、コンタクト（名詞）］

- I've tried to get in **touch** with her, but in vain.

　彼女に連絡を取ろうとしましたが、駄目でした。［touch: 連絡、コンタクト（名詞）］

Unit 8 これは使える！ スピーチ力増強スキル

> we can make use of the fourth industrial revolution for that database, I mean, big data analysis and A.I. They will be <u>playing a key role.</u> (Section 4)
>
> 私たちはそのデータベースとして第4次産業革命、つまりビッグ・データ分析や人工知能を活用することができるでしょう。こういったものが重要な役割を果たしていくことでしょう。

「重要な役割を果たす」を意味する play a key role

play a key role は「重要な役割を果たす」という意味のフレーズです。

形容詞 key（重要な）の代わりに important や major を使って play an important role、play a major role ということもできます。

- He **played an important role** in the team's winning the league title.
  彼はチームのリーグ優勝に重要な役割を果たしました。

このほかにも vital、pivotal（非常に重要な）、decisive（決定的な）など、様々なバリエーションがあります。また role の代わりに part を使うこともできます。いろいろな組み合わせが可能ですが、いくつか例文を見ていきましょう。

- She **played a decisive role** in completing the project.
  彼女はそのプロジェクトを完成させるのに決定的な役割を果たしました。

- The team **played a vital part** in developing the new product.
  そのチームは、新製品の開発に非常に重要な役割を果たしました。

さらに、play a role、play a part は「力になる」という意味で使われます。

- I'd like to **play a part** in revitalizing the area to promote tourism.
  観光振興のために地域活性化の力になりたいと思っています。

> But having said that can business leaders promote them all of a sudden, to the senior positions? I don't think so. (Section 5)
>
> しかし、そうは言っても、ビジネス界のリーダーたちは、いきなり女性を上級職に昇進させることができるでしょうか。私はそうは思いません。

いったん質問を投げかけ、自分で答えるスキル

　上記の例文では、相手に質問を投げかけ、自分で答える手法が使われています。投げかける質問は、基本的にはどんな質問でも構いません。ただ、相手が自分の答えに納得してくれそうなもの、ちょっと考えさせられるようなもの、意外性のあるものなどが、聞き手を引きつける効果があると言われています。

- Do you think we can solve the global warming problem without the help of emerging countries? I don't think so.

  新興諸国の協力なしに地球温暖化は解決できると思いますか？　私はそうは思いません。

- How can we reduce overtime? You probably think it's won't be easy. Well, here is an idea.

  どうやったら残業を減らすことができるでしょうか。恐らくみなさんは簡単ではないとお考えでしょうね。そう、こんなアイディアはどうでしょうか。

- Which do you think is larger, Luxembourg or Kanagawa Prefecture? The answer is, Luxembourg is slightly larger, but they're almost the same.

  ルクセンブルクと神奈川県はどちらが大きいでしょうか。答えはルクセンブルクのほうがほんの少し大きいですが、ほぼ同じです。
  ［ルクセンブルク王国がいかに小さいかを示す比較］

column

まずはポジティブな面を認める

　海外ビジネス経験の豊富な新浪氏のスピーチはいかがでしたか。参考になるコミュニケーションスキルが凝縮されていましたね。なかでも**現状について改善点を求めたり、反対意見を述べたりするときのスキル**に注目したいと思います。

●政策を肯定する→課題を出す（Section 1）
冒頭で I'd like to give credit to Abenomics と見解を示し、その根拠を述べたうえで There are lots of things that need to be done と課題を指摘しています。

●女性の重要性を認める→管理職登用に触れる（Section 5）
まず women are leading (the) business itself と女性の重要性をしっかり認めたうえで、ビジネスリーダーは女性をいきなり上級管理職に登用することはできるか？と疑問を投げかけ、I don't think so. とコメントしています。

　両ケースともに、まずはポジティブな面を認めたうえで問題点や反対意見を出しています。ポジティブな面から入っているので、全体としてネガティブに響くことはありません。

　相手の意見に反対する場合は You don't need to agree, but acknowledge.（[相手の意見に] 同意する必要はないが、まずは認めよ）と言われます。**相手は自分の意見を受け止めてもらったと感じて初めて、指摘事項や反論に耳を傾けるようになる**というわけです。問題点や反対意見を述べるときは、まずは相手の良い点にふれることから入るよう心がけましょう。

Unit 9

リー・シェンロン

Lee Hsien Loong

— シンガポール —

Lee Hsien Loong

■ **リー・シェンロン**
Lee Hsien Loong（李顯龍）

1952 年生まれ。シンガポール共和国の政治家。シンガポールの第 3 代首相、人民行動党書記長。国父リー・クアンユーの息子。客家人。ロシア語、マレー語、華語（標準中国語）、英語の 4 カ国語が堪能。

1965 年父親であるリー・クアンユーによる政権が成立（～ 1990 年）。1974 年 ケンブリッジ大学卒業。1979 年 ハーバード大学行政大学院で修士号取得。
1986 年人民行動党執行委員就任。1990 年ゴー・チョクトン政権で副首相に就任。2004 年首相兼財務大臣に就任、人民行動党書記長に就任。首相就任以後、父と同じく権威主義的政治体制、いわゆる「開発独裁」を体現。シンガポールのさらなる経済発展をめざしている。

英語の特徴

　シンガポールにおいて英語は公用語のひとつです。日常的に話される英語はシングリッシュ（Singlish）と呼ばれ、強い訛りと独特の表現の仕方があります。とは言っても、外国人に対して話すときには標準的な英語を話そうとするため、あとは慣れの問題だと思います。

　本章のテキストは、2012 年ダボス会議にて行われた、CNN リポーターによるリー・シェンロン首相へのインタビューからの抜粋です。偉大な建国者リー・クアンユー首相の息子としての気負いはあまり感じさせず、ときにはユーモアで会場を和ませながら、自分の考えを的確に伝えています。シェンロン氏の豊かな英語の表現力と話術から、しっかりと学びましょう。

Section 1

中国の経済状況については、楽観視している。

(中国経済の減速を懸念するかと聞かれて)

Lee Hsien Loong: I'm an ❶optimist on this, fundamentally. I can't say that there will be no bumps in the short term, but I think in the long term, the trend will be up. ❷They've built a lot of infrastructure. ❷They have built a lot of capacity in many industries—autos, some of the electronics industries.

But it's an economy which is growing very rapidly, urbanizing very rapidly, needing a lot of facilities, whether it's roads, hospitals, schools, houses, by the millions. And every year, ❸1% of the population is moving into cities, which means 13 million people needing all this infrastructure. So I think that there may be a ❹rough landing, but they will ❹get through it.

---

optimist: 楽観主義者
fundamentally: 基本的に
bump: (一時的な)問題
in the short [long] term: 短期的 [長期的] には
infrastructure: インフラ、(社会)基盤
capacity: (生産)能力
facility: 施設、設備

rough landing: (経済成長の抑制など)困難を伴う経済問題の解決
get through...: 〜を乗り切る

スピーチのツボ

❶ 結論→説明の順で述べる

中国経済について、まずは基本的に optimist（楽観的）であるとし、short term（短期）と long term（長期）に分けて見解を述べています。短期的には bumps（問題、衝突）がないとは言えないが、長期的な傾向は up だ、と簡潔でわかりやすい説明をしています。

❷ インフラのイメージを持たせる

They've built a lot of infrastructure. に続いて They have built... と言って具体例を挙げています。聞き手はインフラが何かはわかっているはずですが、具体例があるとわかりやすくなります。

❸ インフラが必要なストーリーを語る

都市化についてふれ、都市への流入人口が毎年全体の1%、つまり1300万人にのぼる数字が説得力を持たせています。インフラ基盤の整備が必要というだけでなく、こうした数字に基づくストーリーを引き合いに出すことによって、聞き手は納得しやすくなります。

❹ 最後に、結論を繰り返す

最後に、rough landing（ある程度の困難）があるかもしれないが、get through it（それを乗り越える）という結論を再度述べています。インタビューのため自然な語り口ながら、結論→説明→具体例→結論、というプレゼンの基本の型に則っています。

訳

リ・シェンロン：このこと（中国の経済状況）については、私は基本的には楽観視しています。短期的には何も問題が起こらないだろうとは言い切れませんが、長期的には状況はよくなるだろうと考えています。中国は、あれこれとインフラを築いてきました。多くの産業分野——自動車やいくつかのエレクトロニクス産業で生産能力をかなり高めています。

しかし、経済が急速に成長し、都市化も急激に進展しているので、何百万人もの人たちが道路、病院、学校、住宅などの施設を必要としています。そして、毎年、人口の1パーセントが都市部へと流入していますが、それは1,300万の人たちがこうした施設を必要としていることを意味します。ですから、経済問題の解決にはある程度の困難を伴うかもしれませんが、中国はそれを乗り切っていくだろうと私は思います。

Section 2
アメリカのおかげでアジアの平和と安定が保たれた。

（最近アメリカが政治経済・軍事面でアジアへの関与を強めているが、それは地域安定化につながると思うかと聞かれて）

Lee Hsien Loong: We fundamentally think it's good that America is interested in Asia and in the Asia-Pacific region and that their presence since the Second World War has been a tremendous benign influence. It's generated ❶peace, stability, predictability, and enabled all the countries to prosper, including China. And I think it's good that America continues to take a close interest in the region, not just on security issues, but also economic issues and cultural and on a broad range of areas.

But it cannot be for a few months at a time in a ❷spasmodic style. It has to be sustained over a long period of time, really, over many administrations and decades. And America has got many preoccupations around the world, so we hope, ❸on your busy plate, Asia doesn't fall off the edge.

But we are ❹naturally very happy that President Obama and Hillary Clinton have made the effort and have put Asia quite high on their agenda. ❺We hope it will be sustained.

---

fundamentally: 基本的に

presence: 存在
tremendous: ものすごい、とても大きい
benign: よい、良性の
predictability: 予測可能性
security: 防衛、安全保障

spasmodic: 散発的な、断続的な
sustain: 継続する
administration: 政権
decade: 10年
preoccupation: 最大の関心事、専念

agenda:（行うべき）課題、議題

スピーチのツボ

❶ まずは肯定から入る

戦後アメリカがアジアに関与してきたことにつき、まずはポジティブに入っています。peace（平和）、stability（安定）、predictability（展望）、prosper（繁栄）とリズムよく並べて、しっかりと称賛しています。加えて、中国もアメリカの関与の恩恵を受けていることに言及しています。

❷ 次に懸念材料について述べる

まずは肯定したうえで、spasmodic（断続的）ではなく長年の継続が必要とアメリカにリクエストを出しています。プラス面のみならず、言うべきこともしっかり言うbalanced view（バランスの取れた視点）と言えるでしょう。

❸ 比喩を使ってトーンを和らげる

やるべきことが乗っているお盆からアジアが落ちないように、という比喩を使って、直接的な言い回しを避けながら、しっかり注文をつけています。

❹ 再度持ち上げて釘を刺す

オバマ政権がアジアを重視しようとしている努力に対してnaturally very happy（当然ながらありがたく思っています）と歓迎の気持ちを述べたうえで、We hope it will be sustained.（今後も継続されることを望んでいます）と述べています。オバマ政権の努力を評価したうえでプレッシャーをかけています。

訳

リ・シェンロン：アメリカがアジアおよびアジア太平洋知識に関心を持ってくれるのはよいことで、第二次世界大戦以降、アメリカの存在が非常に好ましい影響を与えてきたと、私たちは基本的に考えています。そのおかげで（この地域に）平和と安定、将来への展望が生まれ、中国を含めたすべての国々が繁栄することができたのです。ですから、アメリカがこの地域において、安全保障の問題だけでなく、経済や文化、そのほかの幅広い分野で緊密な関心を持ち続けているのは良いことだと思います。

ただし、それは一度に2、3か月というような断続的なものであってはなりません。それは長い期間、いくつもの政権を通して、数十年間にわたって続くものでなければなりません。そしてアメリカは世界中にさまざまな関心事を抱えていますから、私たちとしては、その大盛りの皿の上からアジアがこぼれ落ちることがないように願うだけです。

ただし、私たちは、オバマ大統領とヒラリー・クリントン（国務長官）が、努めてアジアをアメリカの（外交）課題の中でもかなり高い位置に置いてくれたことを当然ながら、ありがたく思っています。私たちは、それが今後も継続されることを望んでいます。

Section 3

委員会の結論を受け入れ、政府高官の減給に踏み切った。

(シンガポールでは、首相も含む大臣レベルの閣僚の減給※に踏み切ったが、その理由は何かと聞かれて)

Lee Hsien Loong: The job is vital, because you make a wrong decision, it's ❶billions of dollars. And you put the wrong man in, that's a ❶disaster. And anybody who comes in must make a calculation, must think what are the financial implications, not just for him but for his wife and children, or ❶spouse and children.

But when you are talking about salaries which are a million dollars or 2 million dollars, to the man in the street earning a few thousand dollars a month, it's an incomprehensible sum. ❷I mean, it's defensible, but he cannot wrap his mind around it.

So it became an issue in the elections. And after the elections, I appointed a committee to review it and look at it ❸dispassionately. And they decided that ❸the principles were sound, you have to pay competitively, but they recommended a different benchmark and a different number, and we've accepted that. I don't think that it'll be ❹the last word on the matter, but it's a very difficult issue because it is important to get the right quality of people into government.

※シンガポール政府は、高額過ぎると批判の多かった閣僚らの給与について、2012年1月4日に提出された新たなガイドラインに沿って最低でも3分の1ほど減額することになった。

---

vital: 非常に重要な、不可欠な

man in the street: 世間一般の人、一般大衆
incomprehensible: 理解しがたい
defensible: 正当化できる
wrap one's mind around...: ～を理解する
dispassionately: 公平な、先入観のない
competitively: 能力に応じて、競争によって
benchmark: 判断基準

スピーチのツボ!

❶ 高給を支払う理由を述べる

責任が重い仕事にはそれなりの報酬が必要なことをわかりやすく説明しています。billions of dollars（数十億）、disaster（悲惨な結果）、spouse and children（妻や子ども）といった単語が主張を裏付けるのに効果を発揮しています。

❷ 報酬の妥当性に疑問を投げかける

閣僚が得る所得は、月数千ドルの給与の労働者にとっては理解しがたいと述べています。I mean, it's defensible. とこれまでのやり方を否定せずに、he cannot wrap his mind around it. と he（彼）を主語にして、労働者の立場にうまく寄り添っています。

❸ 見直し過程の公平性を強調する

見直す過程を dispassionately（冷静に）という単語でうまく表しています。その結果を、これまでのやり方を the principles were sound と正当性を認めたうえで、給与は高すぎたとは言わずに別の指標を使うことにした、と上手に説明しています。

❹ 判断の難しさを率直に述べる

これが the last word on the matter（この問題についての最終的な決定）ではない、一見落着とはいえ完全に解決したわけではないと述べています。率直に語ることで聞き手の共感を得ています。同じことを別の言い方で繰り返す手法で

訳

リ・シェンロン：その（政府高官の）仕事は非常に重要です。というのは、ひとつ決断を間違えたら、数十億ドルの損失となりますからね。また、不適格な人間を配属したら、悲惨な結果になります。そして、誰であっても、その仕事に就くものは、本人にとってだけでなく自分の妻や子どもたちにとっても、どういう経済的な影響があるかを考えなければなりません。

しかし、100万（シンガポール）ドルとか200万ドルとかいう給与について、月に数千ドル稼いでいる世間一般の人に話しても、それは理解を超えた額なのです。つまり、それは正当化できることなのですが、その人にとってそれは理解できないのです。

ですから、それは選挙のときにひとつの争点となったのです。そして選挙の後で、私は、この問題を改めて調査し公平に審査する委員会を設けたのです。そして、この委員会が、その原則は適切だと結論を下したのです。給与は能力に応じて支払われるべきですが、委員会は異なる基準、異なる数値を勧告したので、私たち（閣僚）はそれを受け入れたのです。それがこの問題についての最終的な決定になるとは思いませんが、これは非常に難しい問題なのです。なぜなら、適切な資質を持つ人材を政府に加えることは重要なことですから。

Section 4

シンガポールの格差問題は、まだ大きな問題ではない。

（シンガポール国内の不平等や格差問題について聞かれて）

Lee Hsien Loong: It is a problem, ❶ <u>like it is in India and China</u>, like it is in every other country. First of all, we make sure that everybody gets a very good education. So ❷ <u>no matter which school</u> you go to, you get a first-class education. And if you are bright and able, you have every chance of rising all the way to the top, ❷ <u>never mind what your background is</u>.

Secondly, through our public housing program, through our other public ❸ <u>subsidies</u>, particularly on health care and education, we make sure that everybody starts with some chips in life. You don't start with zero, down and out. So if you are poor in Singapore, it's no fun, but I think you are less badly off than if you were poor nearly anywhere else in the world, including in the United States.

Thirdly, I think that ❹ <u>we have to encourage people</u> to try their best to ❹ <u>not be satisfied with where they are</u>, but to upgrade themselves—not just in school or while studying, ❹ <u>but all their lives</u>.

---

make sure that ...: 必ず〜する

background: 生い立ち、出身

public housing: 公営住宅
subsidy: 助成金

chip: 利益、足がかり

badly off: 困窮して

encourage: （〜するよう）励ます
upgrade: 向上させる

スピーチのツボ

❶ 質問者の言葉を答えに取り入れる

　...like it is in India and China とインドと中国を引き合いに出していますが、これは質問者が競合相手として出した国々の一部です。相手の質問に出て来た語句に触れることにより、質問をしっかり受け止めている態度を示しています。

❷ いい教育が受けられることをうまく強調する

　1点目の教育については、no matter which school（どの学校であっても関係なく）、そして never mind what your background is（生い立ちに関わらず）といった no matter や never mind の文型をうまく使いながら、学校や生い立ちに関係なく一流の教育が受けられることを力強く語っています。

❸ 社会保障の具体例を示す

　2点目の subsidies（補助金）については具体例を出しながら we make sure... とコミットする姿勢を示しています。So if you are poor in Singapore, it's no fun... といったユーモアもうまく盛り込んでいます。

❹ 上昇志向を求める

　we have to encourage people... という形で、現状に満足しないよう求めています。not be satisfied with where they are や but all their lives といった言葉に、シェンロン氏の思いが込められています。

訳

リ・シェンロン: それは、インドや中国、そのほかのすべての国々でもそうであるように、ひとつの問題です。第一に、わが国では、すべての人がよい教育を必ず受けられるようにしています。ですから、どの学校で学んでも、第一級の教育を受けられます。そして聡明で有能な人は、本人の生い立ちにかかわらず、トップまで行ける可能性がいくらでもあるのです。

　第二に、政府の公営住宅計画と、そのほかの公的な助成金制度、特に医療や教育に関連したものを通し、誰でもなにがしかの足がかりを得て人生を始められるようにしています。まったくゼロや圏外の状態から始めるのではないのです。ですから、シンガポールで貧しければ、それはもちろん大変なことですが、アメリカを含め世界のたいていの国で貧乏な場合と比べれば、まだ恵まれた状態だと思います。

　第三に、政府としては、国民が現状に満足することなく、自分を高めるために最善を尽くすよう励まさなければなりません。それは学校にいたり、勉強中のときだけでなく、人生全体を通じてのことです。

Section 5

今の世代の未来は、無限に開かれている。

（あなたは首相の子どもとして、最終的にはその地位についたが、自分の息子たちは政界に入ると思うかと聞かれて）

Lee Hsien Loong: They will have to decide, but if you ask me now, ❶I think the odds are not on it. ❷It's a different generation. It's a new world. There are so many opportunities—opportunities in Singapore, opportunities abroad. ❷For the talented, the whole world is [their] oyster.

If you are in an Ivy League university, in your first year, you are already talent-spotted. In your first vacation, you are already offered internships. After your internship, you are offered, more or less, "❸Here you are. When you graduate, please call this telephone number." And if you are working in Wall Street or in Silicon Valley or one of the startups, you feel like you are the cat's whiskers, because ice cream any time of the day is the least of the perks.

❸They need talent. They treat talent well. And Singaporeans, having been ❹well educated and completely comfortable in this world, are going in significant numbers in these directions.

---

odds: 可能性、見込み

the worlds is one's oyster: 世界は〜の思うままになるもの

Ivy League: 米国北東部にある8校の名門大学
talent-spot: 人材を発掘する
internship: 職業研修
offer: 申し出る
more or less: 多かれ少なかれ
Here you are.: （人に何かを差し出して）さあどうぞ
startup: 新興企業
the cat's whiskers: 最高のもの
perk:（上級職員の）特権、役得
educated: 教育を受けた
comfortable: 快適な

スピーチのツボ！

❶ わからないことをユーモラスに語る

最初の部分は、(シェンロン氏の) 子どもたちは政界に入るか、という司会者の質問に対する答えです。子どもたちが決めること、と言ったうえで、今どうかと聞かれればI think the odds are not on it. といって笑いを取っています。

❷ 理由をわかりやすく示す

I think the odds are not on it. に続けて、It's a different generation. It's a new world. と端的に示しています。また、子どもの自慢話はせずに、For the talented...（才能ある人たちにとっては～）とあくまで一般論で述べてながら、含みを持たせています。

❸ 現状をストーリーで描写する

Ivy League の現状を、聞き手がイメージしやすいストーリーを用いて説明しています。「卒業したら電話をください」というくだりは絶妙です。そして、They need talent. They treat talent well. と簡潔にまとめています。

❹ シンガポールの教育レベルの高さを示す

最後に、世界に通用するシンガポールの教育レベルの高さについてふれています。well educated（立派な教育を受けた）というキーワードを示し、completely に力を込めながら自信を持って発言しています。

訳

リ・シェンロン：それ（政治家になるかどうか）は、子どもたち自身が決めなければなりませんが、今そう質問されれば、その可能性はないと思います。今は時代が異なります。新しい世の中なのです。実にさまざまな可能性が、シンガポールにも海外にも満ちているのです。才能ある人たちにとっては、世界は自分の思うままになるものなのです。

あなたがアイビーリーグの大学生ならば、1年生のうちに才能に目をつけられるのです。最初の休暇では、早速インターンシップ（職業研修）に誘われます。インターンシップが終わると、だいたいそこに就職しないかと持ちかけられるのです。つまり、「さあ、これをどうぞ。あなたが卒業するときには、この番号に電話してください」という具合にね。そして、もし、あなたがウォール街とかシリコンバレー、あるいは新興企業で働いているなら、自分が誰よりも優れているような気がすることでしょう。なぜなら、毎日いつでもアイスクリームをいつでも食べられることは最小限の特典なのですから。

企業は才能ある人を必要としているのです。そして才能を大切にするのです。ですから、立派な教育を受け、今の世の中を快適に感じている大勢のシンガポール人たちが、こうした方向に進んでいくことになるでしょう。

Unit 9 これは使える！スピーチ力増強スキル

They've built a lot of <u>infrastructure</u>. They have built a lot of capacity in many industries—autos, some of the electronics industries. (Section 1)

彼ら（中国）は、あれこれとインフラを築いてきました。多くの産業分野、自動車やいくつかのエレクトロニクス産業で生産能力をかなり高めています。

同じ言い回しを使って、かみ砕いて説明する

　用語自体はそれ程難しくないので補足説明するまでもないが具体的なイメージを持ってもらいたいというときがあります。そんなときは、同じ言い回しを使って、異なる形で説明することができます。

　例文に当てはめてみましょう。infrastructure 自体はそれほど難しい言葉ではないので、Infrastructure means... などと大上段に構えて説明するのは大げさです。そこで、同じ They have built で始まる文章を続けて、さり気なく具体例を出しています。このようにかみ砕いて説明することによって、聞き手の頭の中に具体的なインフラのイメージを作りあげることができるわけです。下記に例を挙げて考えてみましょう。

・The number of inbound tourists has surged in the last couple of years. The number of foreign tourists coming to Japan exceeded 20 million in 2015.

　過去数年間にわたって、外国からの観光客数は急増しました。日本を訪れる外国人の観光客は 2015 年に 2000 万人を超えました。

　ここで、聞き手が inbound tourists の意味が仮にわからなかったとしても、次の文を聞けば、外国から日本に来る観光客だということがはっきりします。もちろん Inbound means.... と定義を言っても構いませんが、すっきりと説明するには、ちょっと工夫してみる価値はありそうですね。

> But we are naturally very happy that President Obama and Hillary Clinton have made the effort and have put Asia quite high on their <u>agenda</u>. (Section 2)
>
> ただし、私たちは、オバマ大統領とヒラリー・クリントン（国務長官）が、努めてアジアをアメリカの（外交）課題の中でかなり高い位置に置いてきてくれたことを当然ながら、ありがたく思っています。

「議事日程」や「課題」を表す agenda

　agenda は、もともと「実行に移されるべき事項」を意味する単語で、①「（ミーティングなどの）議題、協議事項、議事日程」、②「課題」というふたつの使われ方があります。

　例文の put 〜 high on the agenda は後者の例で、「アジアをかなり課題の高いところに置く」⇒「アジアを優先すべき重要課題とする」、という意味になります。ここでは、さまざまな agenda を含む例文を通して、しっかり使いこなせるようにしましょう。

・So, here is the **agenda** of the conference scheduled for next week.
　さて、これが来週の会議の**日程表**です。

・Shall we move on to the next item on the **agenda**?
　次の**議題**に移りましょうか。

・The war on terror is one of the most important issues on the global **agenda** today.
　テロとの闘いは、今日もっとも重要なグローバルな**課題**のひとつとなっています。

・Investment in Iran is at the top of the **agenda**.
　イランにおける投資が最優先**課題**となっています。

Unit 9 これは使える！スピーチ力増強スキル

> America has got many preoccupations around the world, so we hope, <u>on your busy plate, Asia doesn't fall off the edge</u>. (Section 2)
>
> アメリカは世界中にさまざまな関心事を抱えていますから、私たちとしては、その大盛りの皿の上からアジアがこぼれ落ちることがないように願うだけです。

よく使われる婉曲的なフレーズやことわざを覚えておこう

　リー・シェンロン氏の独特のフレーズが光っています。皿からこぼれ落ちないようにという比喩がユニークですね。前段に出てきた、America continues to take a close interest in the region というフレーズを再度使ってもいいのですが、こうした婉曲な言い回しのほうが、やんわりと釘を刺す効果があります。

　こうした言い回しは無理に使う必要はありません。ただ、比喩や慣用句を使ったフレーズは、仕事でも時々使われるので、知っておくと便利なこともあります。例えば、経営陣が厳しい方策を発表するときなどに、こんな風に言ったりします。

・We'd like you to understand that **a good medicine tastes bitter**.
　「良薬は口に苦し」ということをご理解いただきたいと思います。

　顧客とのトラブルの後に「以前よりもいい状態になる→雨降って地固まる」と言いたいときは、こんなフレーズが使えます。

・**After a storm comes a calm**.（嵐の後に静かさが来る）
・**After a storm comes fair weather**.（嵐の後にいい天気になる）

　ミーティングなどでよく使われる **kill two birds with one stone** と **a chicken-and-egg situation** はそれぞれ「一石二鳥」、「鶏と卵の議論」という意味になります。日本語の発想と同じなので、意味も推測しやすいでしょう。逆に知らないとちんぷんかんぷんなのは、**That's a catch-22 situation.** でしょうか。これは「矛盾していて出口のない状況」を指します。第二次世界大戦でのアメリカ人飛行士の話を描いた小説に由来する言い方です。

> So <u>no matter which</u> school you go to, you get a first-class education. And if you are bright and able, you have every chance of rising all the way to the top, never mind what your background is. (Section 4)
>
> ですから、どの学校で学んでも、第一級の教育を受けられます。そして聡明で有能な人は、本人の生い立ちにかかわらず、トップまで行ける可能性がいくらでもあるのです。

後にくる B を強調するときに効果的な no matter A, B.

No matter A, B. は「いかにAであろうとBだ」というお決まりのフレーズです。例文は、どの学校に行こうといい教育が受けられる、Bを強調するときに効果的な言い回しです。No matter の後は、who、what、which、when、where、how などが続きます。

- **No matter how** difficult it is, I'll never give up.

  どんなに難しくても、決して諦めません。

- I have to get to the airport in time **no matter what**.

  何が何でも間に合うように空港に着かなければなりません。

- **No matter who** says what, I'm determined to study abroad.

  誰が何と言おうと、留学する決心はついています。

- **No matter how** many times we negotiate, their answer will always be the same.

  何度交渉しようと、彼らの回答はいつも同じでしょう。

- **No matter where** you invest, it's vital to have a good local partner.

  どこに投資をしようと、現地のいいパートナーを持つことが肝要です。

このように、「どんな場合でも〜」という場合にピッタリのフレーズです。

Review

イメージしやすい具体例を出す

　シェンロン氏のインタビューを聞いたとき、表現力豊かな美しい英語ということに加えて、意見を述べるときに引き合いに出す例が非常に身近だと感じました。**身近でイメージのしやすい具体例の出し方**について、応用できそうなスキルを学んでおきましょう。

●インフラ整備の需要 (Section 1)
And every year, 1% of the population is moving into cities, which means 13 million people needing all this infrastructure.

●戦略・人選の大切さ (Section 3)
You make a wrong decision, it's billions of dollars. And you put the wrong man in, that's a disaster.

●国民への福祉の充実 (Section 4)
We make sure that everybody starts with some chips in life.

●良い教育を受けるメリット (Section 5)
If you are in an Ivy League university, in your first year, you are already talent-spotted.

　いずれも身近でイメージしやすい具体例ですね。聞き手が興味を持つには、聞き手が自分に当てはめて考えることができるかどうかという視点が大切だと言われます。自分にも関係があると思うと、聞き手に親近感がわいてくるからです。どんな短いスピーチであれ、わかりやすい身近な例や自分や他人の体験・経験談を引き合いに出すことを検討しましょう。

柴田 真一（しばた・しんいち）

　目白大学外国語学部英米語学科教授。上智大学外国語学部ドイツ語学科卒、ロンドン大学大学院経営学修士（MBA）。専門は国際ビジネスコミュニケーション論。みずほフィナンシャルグループ勤務を経て、2012年9月より現職。2015年4月より、NHKラジオ番組「入門ビジネス英語」講師。海外勤務（ロンドン15年＋ドイツ5年）等で培ったビジネス経験を活かし、神田外語キャリアカレッジ顧問として「グローバル人材」育成にも携わる。通訳案内士（英語・ドイツ語）。日本金融学会、国際ビジネスコミュニケーション学会会員。

　『10億人に通じる！やさしいビジネス英会話』（NHK出版）、『一流は、なぜシンプルな英単語で話すのか』（青春出版社）、『金融英語入門（第2版）』、『使える金融英語100のフレーズ』（以上、東洋経済新報社）、『図解式 金融英語の基礎知識』（DHC）、『ダボス会議に学ぶ 世界経済がわかるリーダーの英語』、『英米リーダーの英語』（共著）（以上、コスモピア）など、著書多数。

アジアの英語

2016年8月10日　第1版第1刷　発行

著者：柴田真一
校正：王身代晴樹
英文校正：イアン・マーティン、ソニア・マーシャル、アレクサンドリア・ヒル
ナレーター：クリス・コプロスキー、アン・ディビス
装丁・デザイン：稲野 清、草地祐司（B.C.）
表紙カバー・本文写真提供：ロイター／AP／アフロ

発行人：坂本由子
発行所：コスモピア株式会社
　　　〒151-0053　東京都渋谷区代々木4-36-4 MCビル2F
営業部：Tel:03-5302-8378　　email:mas@cosmopier.com
編集部：Tel:03-5302-8379　　email:editorial@cosmopier.com
http://www.cosmopier.com/［コスモピア・全般（一般用）］
http://www.cosmopier.net/［コスモピアクラブ（会員用）］
http://www.kikuyomu.com/［多聴多読ステーション］
http://www.e-ehonclub.com/［英語の絵本クラブ］

Special Thanks
The Malala Fund
World Economic Forum
Academy of Achievement
Corporate Valley

印刷製本：シナノ印刷株式会社
CD編集・製作：株式会社メディアスタイリスト

©2016 Shinichi Shibata

コスモピア　全国の書店で発売中！

成功する英語プレゼン
プレゼンはグローバル時代の交渉術

プレゼン、しかも英語で……。二重の苦手意識に悩む人に、Dr. 明日香がプライベートレッスン形式でレクチャーします。プレゼンの準備から、「イントロ」「ボディ」「コンクル」の構成、質疑応答の対処法、話し方の技術と言葉選びの技術、聞き手を引きつけるテクニックまで、順番に学んでいきます。

著者：米山 明日香
A5判書籍271ページ＋CD1枚（60分）
定価 本体2,200円＋税

こんなとき、英語ではこう言います
「お世話になっております」って何て言う？

「よろしくお願いします」「お疲れさま」……、毎日のように口にする言葉がすんなり英語にならないことがあります。どうして直訳できないのかを、文化的背景や発想の違いから説明。「ヤバイ」「なんとなく」など、よく使うひとこと、言えそうで言えない感情表現から、見当もつかない言い回しまでカバー。

著者：クリストファー・ベルトン
訳者：渡辺 順子
B6判書籍206ページ
定価 本体1,300円＋税

「ハリー・ポッター」Vol.1 が英語で楽しく読める本
原書で読めばもっともっと楽しい！

原書と平行して活用できるガイドブック。章ごとに「章題」「章の展開」「登場人物」「語彙リスト」「キーワード」で構成し、特に語彙リストには場面ごとに原書のページと行を表示しているので、辞書なしでラクラク読み通すことができます。呪文や固有名詞の語源や、文化的背景まで詳しく解説。

著者：クリストファー・ベルトン
翻訳：渡辺 順子
A5判書籍176ページ
定価 本体1,300円＋税

英語上達12のポイント
最新の化学理論に基づく上達への近道

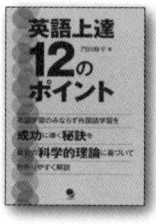

「効率よく、かつリーズナブルに英語を上達させたい」。多くの日本人がこの思いをもちながら、一方でいろいろな不安や疑問を抱えて苦しんでいます。「英語は聞いているだけでいいの？」、「単語や文法を間違えたら恥ずかしいし」といった疑問に対し、第二言語習得の第一人者である著者が、さまざまなデータと最新の科学的研究成果に基づいて、12のポイントにまとめ上げました。

著者：門田 修平
四六判書籍270ページ
定価 本体1,600円＋税

スティーブ・ソレイシィの英語発音トレーニング
一瞬であなたの発音が変わる！

1文字1音が基本の日本語と違い、英語は例外やグレイゾーンが多い不規則な言語。発音記号のすみずみまで正しく理解してから、いざ話そうというのは現実的ではありません。本書では、カタカナ発音が身についてしまっている人でも、そのカタカナをもとに英語らしい発音に調整するトレーニングが用意されています。

著者：スティーブ・ソレイシィ
B6判書籍164ページ＋MP3音声（3時間）
定価 本体1,500円＋税

英会話1000本ノック
まるでマンツーマンの英会話レッスン！

ひとりで、どこでもできる画期的な英会話レッスン。ソレイシィコーチが2枚のCDから次々に繰り出す1000本の質問に、CDのポーズの間にドンドン答えていくことで、沈黙せずにパッと答える瞬発力と、3ステップで会話をはずませる本物の力を育成します。

著者：スティーブ・ソレイシィ
A5判書籍237ページ＋CD2枚（各74分）
定価 本体1,800円＋税

●直接のご注文は ➡ www.cosmopier.net/shop/

ひとこと英語でおもてなし
シーン別にひとこと表現をピックアップ

「私も同じ方向に行きます」、「お土産に何を買いたいですか」、「この煎餅は日もちしますよ」、「どうぞごゆっくり」、「畳の上に座れますよ」、「足を崩してもいいんですよ」など、海外からいらした観光客のおもてなしに、自分もちょっとでも参加したいと思ったときに、すぐに使える「ひとこと英語」を集めました。

コスモピア編集部 編
B6 判書籍 200 ページ＋
MP3 音声（2 時間 24 分）　定価 本体 1,500 円＋税

英語習慣をつくる 1日まるごと表現 600 プラス
忙しい社会人のための最短学習方法

本書では、朝、通勤、仕事、スキマ時間、家事、アフターファイブなどの項目ごとに、生活習慣のコアになる基本表現を集めました。さらに色々なシチュエーションに対応できるように、現在形とともに、疑問文、否定文、進行形、過去、現在完了、未来を表す表現も並列し、より活用できる表現集になっています。

コスモピア編集部 編
B6 判書籍 288 ページ＋
MP3 音声（4 時間）　定価 本体 1,600 円＋税

表現英文法　増補改訂版
表現する視点に立って英文法を体系化

従来の文法書の問題点は、「文法の全体像が欠如」しているため、知識がバラバラになりがちなこと。また、「説明力が不足」しているため、読んでも納得感が得られないこと。本書は、たくさんの文法項目が有機的に関連し合った全体像を示し、「何をなぜ学んでいるか」「何を学べばいいのか」「自分は文法のどこが弱いのか」といった疑問に答える文法書です。

著者：田中 茂範
A5 判書籍 722 ページ　定価 本体 2,000 円＋税

話すための 表現英文法トレーニング
『表現英文法・増補改訂版』対応

「文法のための文法」ではなく、英文法を使いこなせるものとして自身の中に定着させ、英語コミュニケーションの土台を固めるための練習帳。本書では、「整理→定着→実践」の流れに沿って、空所補充、並べ替え、二択などのさまざまなエクササイズを組み合わせた、最適なトレーニングメニューを用意しています。

著者：田中 茂範（監修）
　　　岡本 茂紀
A5 判書籍 222 ページ＋
音声無料ダウンロード　定価 本体 1,600 円＋税

英会話 超リアルパターン 500+

「最初のひとことが出てこない」人におすすめ。英文を頭の中で組み立てるのではなく、出だしのパターンをモノにすれば、続けてスラスラと話せるようになります。さらに本書の特長は例文のリアルさ。「覚えてもまず使わない」例文ではなく、生々しくて面白くて、実生活で必ず使う表現で構成されています。

著者：イ・グァンス、イ・スギョン
A5 判書籍 293 ページ＋
ミニブック 48 ページ
MP3 音声（4 時間 40 分）　定価 本体 1,800 円＋税

英会話超リアルパターン 500+〈ビジネス編〉

単語はたくさん知っているのに英会話ができないのは、出だしのパターンが身についていないから。著者が、アメリカで長年ビジネスをしていた際に一番よく使った電話、会議、プレゼン、交渉などで頻繁に使われる 200 のパターンを厳選し、ひとつにつき 4～5 の例文で使い方を覚えます。

著者：ケビン・キュン
A5 判書籍 288 ページ＋
ミニブック 48 ページ
MP3 音声（5 時間 40 分）　定価 本体 1,800 円＋税

●直接のご注文は ➡ www.cosmopier.net/shop/

コスモピア 　　　　　　　　　　　　　　　　　　　　　　**全国の書店で発売中！**

イギリス英語を聞く
The Red Book
ロンドン市街の歴史と文化をひと巡り

イギリス英語と聞けば、すぐに思い浮かぶのがクィーンズ・イングリッシュ。しかし、地域・階層・年代によって異なる、さまざまな発音のバリエーションにこそ、イギリス英語の魅力と難しさがあります。そこで現地生取材を敢行し、手加減なしのリアルなイギリス英語をたっぷり収録。英文、和訳、語注、音声注を掲載し、聞き取りにくいポイントを攻略するディクテーションのエクササイズも。

著者：小川 直樹／川合 亮平 協力：米山 明日香
A5 判書籍 179 ページ＋ CD1 枚 (78 分)
定価 本体 1,800 円＋税

イギリス英語を聞く
The Blue Book
歴史と最先端の流行が同居するロンドン

The Red Book に続く第 2 弾には、イングランド・プレミアリーグのトッテナム・ホットスパー FC で DF として活躍したギャリー・マバット氏へのインタビューも収録。パブのオーナーが下町言葉で教えてくれるエールとラガーの違い、セレブ御用達の 5 つ星ホテルのドアマンの話など、バラエティに富んだイギリス英語をお届けします。

著者：米山 明日香／川合 亮平
A5 判書籍 172 ページ＋ CD1 枚 (78 分)
定価 本体 1,800 円＋税

コスモピア・サポート

いますぐご登録ください！ 無料

「コスモピア・サポート」は大切な CD を補償します

使っている途中でキズがついたり、何らかの原因で再生できなくなった CD を、コスモピアは無料で補償いたします。
一度ご登録いただければ、今後ご購入いただく弊社出版物の CD にも適用されます。

■登録申込方法
本書はさみ込みハガキに必要事項ご記入のうえ郵送してください。

■補償内容
「コスモピア・サポート」に登録後、使用中の CD にキズ・割れなどによる再生不良が発生した場合、理由の如何にかかわらず新しい CD と交換いたします（書籍本体は対象外です）。

■交換方法
1. 交換を希望される CD を下記までお送りください（弊社までの送料はご負担ください）。
2. 折り返し弊社より新しい CD をお送りいたします。
   CD 送付先
   〒151-0053　東京都渋谷区代々木 4-36-4
   コスモピア株式会社「コスモピア・サポート」係

★下記の場合は補償の対象外とさせていただきますのでご了承ください。
● 紛失等の理由で CD のご送付がない場合
● 送付先が海外の場合
● 改訂版が刊行されて 6 カ月が経過している場合
● 対象商品が絶版等になって 6 カ月が経過している場合
●「コスモピア・サポート」に登録がない場合

＊製品の品質管理には万全を期していますが、万一ご購入時点で不都合がある「初期不良」は別途対応させていただきます。下記までご連絡ください。

連絡先：TEL 03-5302-8378
　　　　FAX 03-5302-8399
　　　　「コスモピア・サポート」係

●直接のご注文は ➡ **www.cosmopier.net/shop/**